대국의 속살

KB035474

大國

대국의 속살

특파원의 눈으로 본
중국, 중국인, 중국공산당

정혁훈 지음

우 리 가 몰 랐 던 진 짜 중 국 이 야 기

매일경제신문사

중국,
그 진짜 이야기의 시작

중국은 지리적으로 우리나라와 가장 가까운 외국이다. 남북 분단만 아니었으면 육로로 갈 수 있는 사실상 유일한 나라다. 러시아도 북한과 국경선을 접하고 있지만, 그 길이도 짧고 사람이 거의 살지 않는 황무지다. 이에 비해 중국과 접해 있는 국경선은 그 길이가 무려 1,400킬로미터에 이른다. 압록강과 두만강을 접하고 있는 랴오닝성遼寧省, 지린성吉林省 인구만 총 7,000만 명에 달한다. 서울에서 비행기로 1시간 내에 닿을 수 있는 대도시도 여러 곳이다.

  국내에 들어오는 외국인 중 가장 많은 수 역시 중국인 차지다. 2016년에 800만 명이 들어왔다. 2위인 일본인의 세 배가 훨씬 넘는다. 역사적으로도 양국은 수많은 왕조가 명멸하는 가운데 부침이 있기는 했지만 숙명적 외교 관계를 지속했다. 1992년 수교 이후에는 중국이 우리나라의 최고 경제 파트너가 됐다. 초기에는 우리의 자본, 기술과 중국의 저가 노동력이 결합해 시너지를 냈고, 최근에는 우리의 작은 시장을 보완하는 제2의 내수 시장으로 중국의 가치가 커지고 있다.

  안보 측면에서도 마찬가지다. 북한 핵 문제는 중국을 빼면 어떤 해결

책도 논하기 어려운 상황이다. 미국과 힘을 합쳐 북핵 문제에 대응하려고 해도 중국 눈치를 봐야 하는 것이 현실이다. 이처럼 중국을 빼고는 우리의 경제도, 외교도, 안보도 논하기 어려울 정도로 중국은 우리와 밀접한 관계를 맺고 있는 나라다.

그러나 중국은 의외로 우리나라와 많이 다르다. 차이점은 아주 사소한 것에서부터 쉽게 발견된다. 필자는 베이징에 거주하는 동안 취미 생활 중 하나로 탁구를 즐겼다. 중국에서 탁구는 우리나라 태권도와 마찬가지로 국기國技 스포츠다. 오후만 되면 아파트 단지의 대형 탁구장은 늘 많은 중국인들로 붐빈다. 레슨을 받는 초등학생들도 많고, 매일 건강을 다지는 동호회원들도 넘친다.

재미있는 것은 땀을 뻘뻘 흘리며 탁구를 치던 남자 동호회원들이 오후 5시만 되면 거짓말처럼 동시에 사라진다는 사실이다. 한국 같으면 시원한 맥주라도 한잔씩 하고 집으로 갈 텐데, 이들은 탁구장에서 인사를 나누고는 바로 각자 집으로 돌아간다. 나중에 알고 보니 이들이 그 시간에 귀가하는 목적은 딱 하나였다. 저녁 식사 준비를 위해서다. 남자가 요리와 청소, 빨래 등 집안일을 하는 것이 일상화돼 있기에 나타난 현상이다. 그나마 베이징을 포함한 북방 지역은 덜한 편이다. 상하이 이남의 남방 지역은 아예 남자가 주부라고 보면 딱 맞다. 중국에서 비즈니스를 하는 사람이라면 중국 남자들의 이런 생활 습관을 잘 이해해줄 필요가 있다. 퇴근하는 사람을 억지로 붙잡고 한잔하자고 강요했다간 남의 집안 분란을 조장한다는 오해를 살 수 있다.

중국인들 앞에서 정말 조심해야 할 것은 따로 있다. 바로 '멘즈面子'다. 우리말로 번역하면 '체면'이라고 할 수 있는데, 우리가 말하는 체면과 그 의미가 완전히 똑같지는 않다. 체면이 깎인다고 하는 것은 겉치레 측면에서 남 보기에 민망하다는 의미가 강하지만, 중국에서 멘즈가 깎인다고 하는 것은 자존심이 상한다는 뜻이 강하다. 우리는 체면이 깎이면 기분이 좀 상하는 정도다. 하지만 중국인들은 멘즈가 깎이면 모멸감으로 자존심에 큰 상처를 받는다. 그래서 중국에서는 일을 잘못한 부하 직원을 혼낼 때 아주 조심해야 한다. 중국에 진출해 있는 국내 기업의 한 주재원 부장이 일처리를 잘못한 중국인 대리를 혼냈다가 오히려 본인이 당황스러운 일을 겪은 적이 있다. 그 대리가 다음 날 사직서를 제출하고는 후임자에 대한 인수인계 절차도 없이 바로 회사를 나가버린 것이다. 이 중국인은 다른 직원들 앞에서 자신이 심한 꾸중을 들은 것을 참을 수 없는 모멸로 여겼다. 상대방이 중국인이라는 사실을 감안한다면 다른 직원들이 보지 않는 곳에서 기분 상하지 않게 우회적으로 잘못을 지적했어야 옳다. 물론 문화대혁명이라는 아픈 역사를 경험한 중국인들이 자신의 잘못을 인정하는 데 인색하다는 특성도 한국인 주재원들을 힘들게 하는 요인이기는 하다.

중국이 한국의 사드 배치에 민감하게 반응하는 원인도 특유의 멘즈 문화에서 그 실마리를 찾을 수 있다. 사드 한국 배치 문제가 본격적으로 공론화되기 시작한 것은 2014년 1월, 그리고 사드 배치가 전격 발표된 것은 2016년 7월이었다. 그사이 사드 배치를 둘러싸고 지루한 진실

공방이 오갔다. 한국 정부가 어떤 사실도 확인해주지 않은 가운데 중국은 일관되게 사드 배치에 강한 반대 목소리를 냈다. 그런데 역설적이게도 같은 시기 한국과 중국은 역사상 최고의 친선 관계를 유지했다. 이는 중국어를 구사할 줄 아는 박근혜 전 대통령과 시진핑習近平 중국 국가주석의 친분이 큰 역할을 했다. 2015년 9월 중국의 전승절 기념행사에서 박 전 대통령이 시진핑과 함께 톈안먼天安門 망루에 올라 군사 퍼레이드를 참관했을 때 양국 관계는 절정으로 치달았다. 그런데 불과 1년도 안돼 한국이 중국과 어떤 사전 조율도 없이 전격적으로 사드 배치를 발표했다. 중국이 사드 배치를 안보적으로 가장 예민하게 생각한다는 사실을 잘 알고 있음에도 한마디 언질 없이 대외적으로 공표한 것이다. 시진핑으로서는 믿었던 친구에게 뒤통수를 맞았다고 생각할 수 있었을 것이다. 더구나 시진핑은 '중국의 꿈中國夢 실현'과 '중화민족 부흥'을 최고의 국정 목표로 내걸고 있지 않은가. 그로서는 14억 자국 국민들은 물론 미국과 일본, 러시아 등 주변 강대국에게 그야말로 우스운 꼴이 돼버린 셈이다. 중국이 비이성적인 보복 행위를 지속하고 있는 근저에는 스스로 멘즈가 깎였다고 생각하는 마음이 있는 것으로 봐야 하는 이유다. 차라리 박 전 대통령이 톈안먼 망루에까지 오르지 않았다면 그렇게까지 섭섭해하지 않았을지도 모른다. 그런 면에서 당시 청와대가 좀 더 세련된 외교적 노력을 다했으면 어땠을까 하는 아쉬움이 남는다. 한마디로 시진핑이 멘즈를 세울 수 있도록 어르고 달래면서 분위기를 조성하는 과정이 필요했다는 뜻이다.

중국공산당 이야기로 넘어가면 우리의 몰이해는 극에 달한다. 우리나라 사람들 중에는 아직도 중국공산당을 독재와 부정부패의 상징으로만 생각하는 사람들이 많다. 한국전쟁에서 비롯된 공산당에 대한 부정적 인식 탓이 크다. 우리가 받아들인 미국식 자유민주주의 시각에서 보면 공산당의 통치 방식이 후진적으로 보이는 것도 사실이다. 그러나 중국이 막대한 크기의 영토와 어마어마한 인구, 그리고 56개 소수민족으로 구성된 초거대 국가이면서도 분열 없이 국민 모두의 생활수준이 꾸준히 향상될 정도로 국가 운영이 잘되는 데는 중국공산당의 공이 크다는 점을 부인할 수 없다.

중국공산당이 가진 여러 장점 중에서도 엘리트 지도자를 배출하는 인사시스템은 그중 최고다. 많은 사람이 중국공산당 내에는 선거 절차 없이 일부 권력층에 의해 지도자가 독단적으로 양성된다고 생각하지만 실제로는 그렇지 않다. 당내에서 지도자급 인사로 성장하기까지는 기층 단위부터 수많은 단계의 선거를 거쳐야 한다. 그리고 당내 선거라는 것이 누구를 되게 하는 투표라기보다는 문제가 있는 사람을 떨어뜨리는 투표의 성격이 강하다. 따라서 지방 하급 관리부터 시작해 중앙 고위직으로까지 진출한 인사라면 업무 능력이 뛰어난 것은 기본이고, 사생활 측면에서 검증을 마쳤다고 봐야 한다. 검증의 기준이 우리와 다를 뿐이다. 우리나라에서처럼 방송을 타고 어느 날 갑자기 혜성처럼 등장해 알맹이는 없으면서도 스타 정치인으로 부상하는 일은 중국에서는 상상할 수조차 없다. 중국의 국가지도자급 인사들이라면 틀림없이 우리 식의

청문회를 고비 때마다 수차례 통과한 사람들일 것이다. 중국이 지금처럼 발전할 수 있었던 것은 그렇게 선출된 엘리트 지도자들의 뛰어난 능력과 그에 대한 국민의 지지 덕분이라고 볼 수 있다. 물론 중국공산당이 가진 단점도 무시할 수 없을 정도로 많겠지만 중국이라는 대국을 이끌어가는 측면에서는 분명히 그렇다.

이 책은 이처럼 우리가 그동안 잘 몰랐던 중국과 중국인들의 속사정에 대해 우리나라 사람들이 어느 정도는 이해해줬으면 하는 바람에서 썼다. 중국인을 여전히 '떼놈'이라고 무시하거나, 중국을 잘 모르면서도 막연히 잘 안다고 착각하는 사람들이 의외로 많기 때문이다. 중국과 중국인을 이해하는 데 도움을 주는 책을 써야겠다는 생각은 사실 베이징에 있을 때부터 했다. 이따금 베이징으로 출장을 온 선후배나 지인들과 한잔 기울일 때 새롭게 이해하게 된 중국과 중국인에 대한 얘기를 들려주면 다들 신기해하며 크게 흥미를 보이는 것이었다. 그런 얘기를 말로만 하지 말고 책으로 쓰라고 당부하는 사람들도 적지 않았다. 한국으로 돌아가면 책을 써야지 한 것이 게으름을 피우다 보니 어느덧 2년이 흘렀다. 모쪼록 이 책이 우리가 중국을 이해하는 데 조금이라도 도움이 됐으면 좋겠다.

특히 본인의 뜻과는 전혀 상관없이 낯선 땅에서 각자 삶의 무게를 감당하느라 힘들었으면서도 언제나 웃음을 잃지 않고 든든히 응원해준 아내 혜영과 딸 지윤, 아들 지성에게 감사하고 사랑한다는 말과 함께 이 책을 전하고 싶다.

| 차례 |

제1부
대국 그리고
대륙인

대국의 풍모

대륙인의 삶

제2부

익숙하고도
낯선 나라

중국 사회의 속살

우리의 오해와 그들의 진실

제3부
부정부패와
권력 투쟁

제4부
중국공산당의 비밀

제1부

대국 그리고
대륙인

대국의 풍모

두 달을 쉬는
민초들의 설

—

필자가 베이징北京 특파원으로 부임한 때
는 겨울 추위가 한창이던 1월 초순이었다. 살 집을 어렵게 구한 다음 곧
바로 베이징의 유력 조간신문 배달을 신청했다. 베이징의 조간신문 배달
시간은 그다지 정확하지 않다는 소문이 있었지만, 그래도 새벽 5시 현관
문을 열면 어김없이 신문이 놓여 있었다. 한국과 시차가 1시간이 나는
만큼 일찍부터 일을 시작해야 하는 상황에서 정확하게 도착하는 조간신
문은 업무에 큰 도움이 됐다.

그런데 어느 날부터 신문이 오전 9시를 훌쩍 넘겨서 오기 시작했다.
기상하자마자 현관문을 열면 어김없이 놓여 있던 신문이 없으니 아침이

왠지 허전했다. 신문사 판매지국에 갑자기 사정이 생겼나 하고 기다리다가 열흘째 되는 날 도저히 안 되겠다 싶어 전화를 걸었다.

강하게 항의하려고 단단히 마음을 먹었지만 직원의 설명을 듣고는 곧바로 "아, 그렇군요" 하고 전화를 끊을 수밖에 없었다. 그의 말은 이랬다. "신문 배달 직원들 중 절반 이상이 고향에 내려갔습니다. 한 사람이 두세 명 몫의 일을 하다 보니까 배달이 늦어지네요. 죄송합니다."

춘제春節, 설가 열흘 이상이나 남았는데도 직원들이 벌써 고향으로 내려간 것이다. 게다가 그들은 고향에서 춘제를 지내고 거의 한 달은 지나야 다시 베이징으로 돌아온다고 했다. 거의 두 달 가까이 고향에 내려가 있는 셈이다.

이처럼 긴 설 휴가가 우리에겐 아주 낯설지만 중국에서는 일상이다. 춘제 때 고향으로 가는 민족 대이동을 '춘윈春運'이라고 부르는데, 중국 정부는 통상적으로 공식적인 춘윈 기간을 대략 40일 정도로 잡는다. 고향을 찾는 인원은 대략 3억~4억 명 정도로 추산된다. 전체 인구 14억 명의 4분의 1에 해당하는 수다.

설을 앞두고 민족 대이동이 시작되면 중국 신문에는 다양한 진풍경이 보도된다. 단골 소재는 고향 가는 표 구하기 대작전이다. PC 5대를 동시에 조작해 기차 표 한 장을 겨우 구했다는 무용담은 기본이다. 이른바 '농민공農村 출신 도시 일용직 근로자'들 중에서도 나이가 많아 인터넷에 익숙하지 않은 사람들은 기차역에서 며칠간 밤새도록 줄을 서서 표를 구한다. 언젠가는 표 구하기를 포기하고 광둥성廣東省 광저우廣州에서 광시좡족廣西壯族자치구까지 오토바이를 타고 부인을 뒤에 태운 채 21시간을 달려 고향으로 간 사람의 사연이 소개됐다.

이처럼 갖은 고생을 하면서도 중국인들은 악착같이 고향으로 가서 오랫동안 머물다 온다. 더구나 1년간 모은 돈을 전부 쏟아부어야 할 정도로 비용이 엄청나게 들어가는데도 말이다. 고향에 있는 가족들 선물과 부모님 용돈 챙기는 데 들어가는 돈은 기본 중의 기본이다. 터뜨리고 나면 그만인 폭죽을 사는 데만 월급여의 몇 배에 달하는 거금을 들이는 게 다반사다. 전문가들은 춘제 기간 중국인들의 소비 행태가 매우 비이성적으로 이뤄진다고 분석한다.

이런 실태를 감안할 때 중국의 민족 대이동 원인을 단순히 명절을 맞이한 도시민들의 고향 찾기 정도로 해석하기에는 부족하다. 여러 가지 이유가 있겠지만 가장 그럴듯한 해석은 도시에서 황폐해진 몸과 마음을 추스르기 위한 중국인들의 전략적 판단이라는 것이다.

고향을 찾는 사람들 중 많은 비중을 차지하는 농민공들은 공사판에서 막일을 하거나, 공장에서 단순 노동을 하는 사람들이다. 그들은 도시에 살고 있지만 도시가 원래 고향인 사람들과 달리 인간다운 삶을 살지 못한다. 하루 종일 일하고 나서 그들이 할 수 있는 일이라고는 땀 냄새 나는 숙소에서 잠을 청하는 것이 전부다. 식당에서 종업원으로 일하는 농촌 출신 젊은이들도 처지는 비슷하다. 한 달에 50만~60만 원 정도를 벌어 고향으로 돈을 부치거나 저축하고 나면 자기가 쓸 돈은 거의 없다고 봐도 무방하다. 이들에게는 마음의 안식을 얻을 수 있는 수단이 절대적으로 필요하다. 하지만 중국에서는 사실상 종교도 일반화돼 있지 않다. 그렇다고 도시민들처럼 레저와 스포츠 등으로 스트레스를 풀 여유도 없다. 그래서 이들은 1년에 딱 한 번 있는 춘제 때 고향으로 돌아가 그동안 쌓인 스트레스를 풀고 마음의 안식을 얻는다. 이들에게 고향은 최고의 힐링 공간인 셈이다.

중국의 민족 대이동은 덩샤오핑鄧小平이 1978년 개혁·개방을 주창한 이후 일자리를 찾아 광둥성 선전深圳과 상하이上海 등으로 대거 몰려들었던 농민들이 춘제 때 고향으로 돌아간 것이 그 시작이었다. 이후 도시화가 중국 전역으로 빠르게 확산되면서 지금의 모습으로 자리를 잡았다.

그래서 춘제 기간 민족 대이동에서 중국 내부에 진하게 배어 있는 사회적 모순이 느껴진다. 생각해보면 농민공들이야말로 중국의 개혁·개방에서 가장 소외된 사람들이다. 중국에서 버젓한 사람들은 절대로 고향에 한두 달씩 가 있지 않는다. 일을 해야 하기 때문이기도 하지만 고향에 가지 않아도 마음의 안식을 추구할 수단이 많기 때문이기도 하다. 요즘은 춘제 기간 가족 여행을 떠나는 중국인 수가 2억 명을 넘어섰다는 분석도 나온다.

언젠가 춘제 때 고향으로 돌아가는 중국인들이 줄어든다면 그때부터가 다 함께 잘사는 중국의 시작이 아닐까 싶다.

중국인들이
'만만디'라고?

—   중국인들의 특성에 대해 얘기할 때 '만만
디慢慢地, 느리게'라는 말이 빠지지 않는다. 호방한 대륙인들답게 매사에
느긋하다는 뜻에서 붙여진 말이다. 늘 조급한 한국인들에게는 배워두면
좋을 덕목이기도 하지만 막상 내가 급할 때 그런 중국인을 상대하려면
여간 답답한 게 아니다. 교민들이라면 식당이나 은행, 관공서 등에서 중
국인 직원을 상대하다가 속이 터져 죽을 뻔한 무용담을 한두 개씩은 모
두 가지고 있을 정도다.

그러나 필자가 중국의 이런 '만만디'가 아무 때나 적용되는 말이 아니
라는 사실을 알기까지 그리 오랜 시간이 걸리지 않았다. 상대방이 급할
때는 굼벵이처럼 느려터진 것처럼 보이는 중국인이라도 일단 자신에게
급한 용무가 생기면 번개보다 빠르게 움직인다. 내가 급할 때는 그렇게
느려 터졌던 사람이 자기가 아쉬울 때는 "빨리 해달라"고 성가시게 구는
일이 비일비재하다. 이럴 때 보면 중국인들은 더 이상 '만만디'가 아니라
'콰이콰이快快, 빨리빨리'다.

중국이 '콰이콰이'를 제대로 실천하는 곳은 바로 IT 분야다. 그중에서
도 인터넷과 모바일 시장에서의 변화는 광속에 가깝다. IT 강국이라는
말을 귀가 닳도록 들어온 한국도 새로운 인터넷 서비스 도입 속도에서
는 중국을 따라잡지 못하고 있다.

가장 대표적인 분야가 모바일 결제다. 중국 최대 전자상거래 기업인

알리바바가 만들어가고 있는 중국의 모바일 결제 서비스는 경이로울 지경이다. 중국어로는 즈푸바오支付寶로 불리는 알리페이Alipay 서비스는 벌써 재래시장은 물론 노점에서도 통용될 정도로 일반화에 성공했다. 웬만한 중국인들은 이제 동전을 갖고 다니지 않아도 전혀 불편함이 없을 정도다. 음료수나 인형 뽑기 자판기에서도 스마트 폰을 열어 알리페이로 결제하고, 지하철에서도 알리페이로 승차권을 구매한다. 중국식 샤브샤브인 훠궈 요리 전문 식당 하이디라오海底撈에서는 탁자 위에 놓여 있는 태블릿 메뉴판으로 손님들이 음식을 주문하고, 나올 때도 그 메뉴판에 스마트 폰을 갖다 대면 결제가 된다. 더구나 알리페이를 사용하는 고객에게 별도의 수수료가 붙지도 않는다.

알리페이의 성공에 고무된 중국의 다른 IT 기업들도 모바일 결제 시장에 속속 뛰어들고 있다. 한국의 카카오톡과 비슷한 위챗을 운영하는 텐센트는 위챗페이를 도입해 알리바바가 주도하고 있는 모바일 결제 시장에 도전장을 내민 상태다.

현재 중국에서 선풍적인 인기를 끌고 있는 IT 서비스인 디디추싱滴滴出行의 성공 스토리도 중국인들의 콰이콰이적 성격을 그대로 드러낸다. 디디추싱은 차량 호출 서비스로 중국판 우버 서비스라고 불리기도 한다. 쉽게 말해 스마트 폰으로 택시나 승용차, 버스, 승합차 등을 부르는 서비스다. 예컨대 집에서 공항으로 이동할 때 디디추싱을 이용하면 고급 승용차를 불러 편안하게 이동할 수 있다. 물론 결제는 알리페이와 같은 모바일 결제를 이용하면 그만이다.

중국에서 택시호출 서비스가 처음 시작될 때, 중국을 대표하는 인터넷 기업인 알리바바와 텐센트가 거의 동시에 각각의 서비스를 시작해 화제가 됐다. 두 회사가 택시호출 서비스를 도입하기 전까지 중국 대부분 지역에서는 택시호출 서비스가 존재하지 않았다. 오로지 줄을 서서 기다리거나 대로에서 손짓으로 불러 세워야 하는 것이 택시였다.

알리바바는 '콰이디다처快的打車'라는 이름으로, 텐센트는 '디디다처滴滴打車'라는 이름으로 택시호출 서비스를 도입했다. 두 서비스는 개시 초반부터 다양한 부가 서비스를 도입해 큰 인기를 끌었다. 인터넷 회사의 지원으로 고객의 택시 요금을 깎아준다거나 택시 기사가 고객에게 경매 방식으로 요금을 매길 수 있는 것 등은 세계 어디에도 없는 새로운 기능이었다.

시장을 양분하며 잘나가던 두 회사는 이듬해 미국의 우버가 중국에 진출하면서 위기를 맞았다. 우버의 인지도와 막대한 자금력을 상대하기가 만만치 않았다. 치열한 경쟁에서 살아남은 승자가 누가 될 것인지에 관심이 몰려 있을 즈음 알리바바와 텐센트는 아무도 생각하지 못한 묘수를 내놓았다. 바로 두 회사 간 합병이었다. 경쟁사를 넘어 적으로까지 표현되던 두 회사가 합병을 통해 우버에 대응키로 한 것이다. 그렇게 두 회사가 합병한 것이 바로 디디추싱이다.

디디추싱은 그 이듬해 우버차이나를 아예 인수해버렸다. 잠재적인 경쟁자까지 먹어버리면서 사실상 중국 택시호출 서비스 시장의 100%를 장악한 것이다.

현재 중국에서는 디디추싱이 폭발적인 인기를 누리고 있다. 다양한 서비스가 많은 이유도 있지만, 핵심은 스마트 폰을 활용한 모바일 결제가 너무나 편리하고 완벽하게 이뤄지고 있기에 가능한 일이다. 디디추싱의 성공 스토리를 보면 중국인들이 얼마나 발 빠르게 움직이는지를 쉽게 확인할 수 있다.

인터넷 산업에서 속도는 생명이다. 아무리 아이디어가 좋아도 완벽한 제품을 내놓기 위해 문제점 해소에만 매달리다 보면 다른 곳에서 치고 들어와 시장을 선점당하기 십상이다. 강을 건널 때 돌다리도 두드려보는 한국 기업들에 비해 일단 저지르고 보는 중국 인터넷업체들의 경쟁력이 갈수록 높아지고 있는 이유다.

양쯔강 물을 베이징으로 끌어오는 중국인의 배포

—
골프 애호가들은 서울보다 베이징이 골프를 즐기기에 훨씬 좋다고 입을 모은다. 우선 골프장에 대한 선택권이 아주 넓다. 도심에서 30~40분 이내로 갈 수 있는 골프장이 많기 때문이다. 최근에는 많이 올랐다고 하지만 그래도 한국에 비해 비용이 적게 드는 것도 장점이다. 중국 골프장은 산악형인 한국 골프장과 달리 평지에 넓게 자리 잡고 있어 '오비OB'에 대한 부담도 적다. 홀 경계를 넘어가면 옆

홀에서 치면 되는 곳이 많다. 옆 홀에서 친 샷으로 공을 그린에 올릴 경우 짜릿함은 더 크다.

즐거운 라운딩을 방해하는 '스모그' 문제가 딱 하나 있지만, 그것조차 덮어버릴 만한 결정적 장점이 베이징에 있다. 비나 눈 때문에 라운딩이 취소되는 경우가 거의 없다는 점이다. 설레는 마음으로 기다린 주말 라운딩을 비 때문에 취소해야 하는 '슬픔'을 베이징에서는 경험할 일이 없다.

베이징의 연간 강수량은 대략 500밀리미터 정도다. 연간 강수량이 대략 1,500밀리미터, 때로는 2,000밀리미터를 넘어서는 한국에 비해 베이징의 강수량은 수치상으로도 훨씬 적지만 체감으로는 더 적다. 그 이유는 한국처럼 집중 호우가 내리는 경우가 극히 드물기 때문이다. 비가 좀 오더라도 여름철에 조금씩 내리다가 마는 정도다. 골프를 못 칠 정도로 종일 비가 내리는 경우는 거의 드물다. 특히 겨울에는 눈 구경하기가 하늘의 별 따기다. 베이징에서 도로에 쌓일 정도로 눈이 내리는 날은 많아야 두세 번 정도다. 그것도 아주 소량이 쌓였다가 금세 녹는다. 추위를 견딜 각오만 돼 있다면 겨울철에도 매일 골프를 칠 수 있는 곳이 바로 베이징이다. 사실 겨울 추위도 서울보다는 훨씬 견딜 만하다. 베이징은 건조하기 때문에 같은 기온이라도 체감으로는 서울보다 덜 춥게 느껴진다.

'건조한' 베이징이 골프 애호가들에게는 반가운 일이지만, 중국의 수자원 당국 입장에서는 '지옥'이나 다름없다. 매년 물 부족에 시달리고 있

허난성 시촨현 지역에 위치한 남수북조 중부선 수로.

기 때문이다. 베이징을 비롯한 중국 중북부 지역은 강수량이 적어 공업 용수는 고사하고 식수 공급에도 어려움을 겪는다. 강이나 호수 물이 부 족하다 보니 지하수를 끌어올려 쓰지만 수량이 풍부하지 못하고 환경적 으로도 문제가 많다.

이런 중국에서 엄청난 일이 벌어졌다. 진나라 때 시작된 만리장성에 비견될 정도라는 이른바 '남수북조南水北調' 사업의 1단계 공사가 2013 년 완료된 것이다. 남수북조는 말 그대로 남쪽의 물을 북쪽으로 돌리는 것이다. 내륙에 물길을 만들어 수량이 풍부한 양쯔강楊子江 물을 북쪽에 위치한 황하강으로 보내는 작업이다.

이러한 남수북조 개념을 만든 사람은 마오쩌둥毛澤東 주석이었다. 마 오쩌둥이 1952년 10월 30일 "남쪽은 물이 풍부하지만 북쪽은 물이 부족하니 가능하다면 남쪽의 물을 북쪽으로 끌어다 쓰면 좋겠다"고 밝힌 것이 시작이었다.

마오쩌둥의 구상이 구체화된 것은 2000년대 들어서다. 중국 정부는 내륙을 관통하는 3개 노선의 물길을 계획했다. 동부선과 중부선, 서부선이 그것이다. 그중에서도 가장 먼저 동부선이 2002년 12월 착공됐고, 중부선이 2003년 12월 첫 삽을 떴다. 가장 먼저 공사가 완료된 구간이 바로 동부선 1기 사업이다.

동부선 1기 사업이 완료되면서 양쯔강 하류인 장쑤성江蘇省 장두江都에서 출발한 물이 산둥성山東省 둥핑東平 호수를 거쳐 웨이하이威海까지 도달하게 됐다. 총 길이가 1,467킬로미터에 달한다. 이로써 연간 87억 7,000만 세제곱미터의 물이 장쑤성과 안후이성安徽省, 산둥성 등에 위치한 71개시 1억 명에게 공급된다. 투자금은 총 500억 위안약 8조 4,000억 원 이었다.

중부선도 뒤이어 마무리됐다. 중부선은 허난성河南省 단장커우丹江口에 대형 댐을 건설해 양쯔강의 지류인 한강의 물을 모은 뒤 이를 베이징과 톈진天津으로 연결하는 사업이다. 총 길이가 1,432킬로미터에 달한다. 단장커우에 건설된 인공 저수지는 아시아 최대 규모로 알려져 있다. 하지만 이 때문에 수몰 지역 33만 명이 보금자리를 옮겨야 했다.

티베트 고산지대에 터널을 뚫어 양쯔강 물을 칭하이성青海省과 간쑤성甘肅省, 네이멍구內蒙古 자치구 등으로 보내려는 서부선 사업은 아직 착공되지 못했다.

남수북조 사업이 최종 완료되는 오는 2050년에는 연간 448억 세제곱미터의 물이 공급된다. 총 사업비는 3,600억 위안약 60조 8,000억 원이지만 최대 5,000억 위안84조 4,000억 원까지 늘어날 것이라는 전망도 있다.

중부선 개통 후 2년간 베이징으로 유입된 양쯔강 물은 20억 세제곱미터에 달했다. 이는 세계 최대 수력발전소인 중국 산샤三峽댐 총 저수량57억 세제곱미터의 3분의 1에 달하는 양이다. 2,200만 베이징 시민 중 절반가량이 양쯔강 물을 마신다고 하니 대단한 일이 아닐 수 없다. 중국인들의 배포는 만리장성을 지었던 옛날만이 아니라 지금도 여전히 거대하다.

중국 커리어우먼의 자화상, 덩원디
—

중국에서 가장 성공한 여성 중 한 명으로 꼽히는 덩원디鄧文迪. 그녀는 세계적인 언론 재벌 루퍼트 머독 뉴스코프 회장과 결혼했다가 이혼한 경력의 소유자다. 그녀가 2013년 머독 회장과 이혼을 발표하던 날, 중국 전역의 신문이 1면 머리기사와 여러 해설 기사로 그녀의 소식을 전했다. 머독 회장이 아무리 세계적인 재벌이고 이혼 위자료가 상상을 초월하는 금액이라 할지라도 신문의 여러 면이 그녀 소식으로 할애되는 것은 수긍하기 어려운 일이었다.

필자는 덩원디의 기사를 꼼꼼히 읽어 내려간 뒤에야 그녀에 대한 중국인들의 관심을 이해할 수 있었다. 덩원디의 성장과 결혼, 이혼 스토리가 소설로도 부족함이 없을 정도로 드라마틱하기 때문만은 아니었다. 덩원디의 삶에는 40년 개혁·개방 정책으로 생긴 중국 사회의 모순이 담겨 있었다. 빈부 격차의 그늘 속에서 수단과 방법을 가리지 않고 성공을 추구하는 중국 커리어우먼의 자화상, 바로 그것이 중국인들의 정서를 자극하는 것 같았다.

1968년 12월 중국 남부 광둥성 광저우에서 태어난 덩원디는 아버지의 뜻대로 광저우의대에 들어갔다. 그러나 의사라는 직업은 그녀의 성에 차지 않았다. 돈을 잘 버는 한국 의사들과 달리 중국에서는 의사에 대한 대우가 일반 회사원과 큰 차이가 없기 때문이다.

호시탐탐 새로운 길을 엿보던 그녀에게 1987년 운명 같은 기회가 찾아왔다. 미국 캘리포니아 출신의 냉장고 회사 직원 제이크 체리를 만나 친해진 것이다. 덕분에 덩원디는 체리의 부인에게 영어를 배우는 등 이들 부부와 가족처럼 지냈다. 1988년 2월에는 이들 부부의 도움으로 학생비자를 받아 캘리포니아주립대 노스리지로 유학을 갔다. 이들 부부는 재정적으로도 상당한 지원을 한 것으로 알려졌다.

그러나 덩원디와 이들 부부의 신뢰는 오래가지 못했다. 체리가 숨겨놓았던 사진 한 장을 부인이 발견했기 때문이다. 덩원디가 자신의 남편과 호텔 방에서 찍은 사진이었다. 사진이 찍혔을 당시 덩원디의 나이는 18세에 불과했다. 체리의 부인은 배신감에 치를 떨었고 곧바로 이혼했다.

1990년 2월 덩원디는 53세의 체리와 첫 결혼을 했다. 그러나 그들의 결혼 생활은 오래가지 못했다. 둘은 결혼 2년 7개월 만에 갈라섰다. 덩원디가 미국 영주권을 얻은 뒤 불과 7개월 뒤였다. 체리는 "우리가 함께 생활한 기간은 기껏해야 4~5개월밖에 안 됐다"며 후회했지만 이미 엎질러진 물이었다. 이혼 직후 그녀는 자신의 이력서에 한 줄의 경력을 더해 줄 예일대 MBA로 향했다. 이혼의 아픔을 비웃기라도 하듯 그녀는 예일대에서 본격적으로 자신의 능력을 발휘했다.

그녀를 지도했던 한 예일대 교수는 "재정 정책이 미국 경제에 미치는 영향을 분석하는 프로젝트에서 그녀가 속한 팀이 개교 사상 최고의 점수를 받았다"고 기억했다. 예일대 MBA에서 그녀는 이미 '슈퍼 학생'으로 이름을 날렸다. 1996년 예일대를 졸업한 그녀는 홍콩에서 기회를 찾기로 결정하고 홍콩행 비행기에 몸을 실었다. 그리고 그녀에게 두 번째로 찾아온 운명적 만남이 바로 이 비행기 안에서 이뤄졌다. 옆자리에 세계적인 미디어그룹 뉴스코프의 브루스 처칠 이사가 앉았던 것이다. 그는 홍콩 스타TV 부사장으로 부임해 가는 길이었다.

막 홍콩으로 날아가는 이방인에게 영어와 중국어는 물론 심지어 광둥어홍콩과 광둥성에서 사용되는 중국어까지 능통하고, 예일대 MBA 학위까지 보유한 그녀는 보석 같은 존재였다. 비행기 트랩을 내려오기 전에 이미 그녀의 스타TV 채용이 결정됐을 정도다.

스타TV에서도 그녀의 자신감은 유감없이 발휘됐다. 늘 준비된 자세로 매사에 최선을 다하는 그녀는 경영진들의 신뢰를 얻었다. 때로는 한 치의 망설임도 없이 경영진 사무실로 쳐들어가 자신의 의견을 내세우면

세계적인 언론 재벌 루퍼트 머독 (왼쪽)과 덩원디가 2011년 4월 트리 베카 영화제 10주년 기념식에 함 께 참석하고 있는 모습.

서 토론하는 것도 그녀의 매력이 었다.

그녀가 자신보다 38살 많은 머 독 회장과 운명적으로 만나기까지 는 오랜 시간이 걸리지 않았다. 머 독 회장이 베이징과 상하이를 방 문하는 길에 자연스럽게 통역을 맡은 것이 계기가 됐다. 지적이면 서 자신감 넘치는 중국 여인에게 매료된 머독 회장과 그녀가 손을 잡고 데이트를 하는 장면이 목격된 것은 불과 얼마 뒤였다. 1998년 5월, 결혼한 지 31년 된 아내와 헤어지기로 한 머독 회장은 6월에 이혼했다.

그가 자신의 요트 위에서 덩원디와 결혼식을 올린 것은 이혼서류의 서명이 마르기도 전인 6월 말이었다. 광저우의 평범한 여인이 인생의 정 점을 찍는 순간이었다. 머독 회장은 자신의 결혼에 의구심을 제기하던 사람들에게 "나는 그녀 뒤에 있는 거대한 중국 시장을 보고 있다. 그녀와 결혼함으로써 나는 중국을 얻었다"고 큰소리쳤다. 실제로 두 사람의 결 혼 이후 덩원디는 홍콩과 중국 사업에 영향력을 발휘했고, 뉴스코프의 성공에 상당한 기여를 한 것으로 전해지고 있다.

덩원디는 머독 회장과의 15년 결혼 생활의 대가로 10억 달러약 1조 1,200억 원가 넘는 위자료를 받은 것으로 알려졌다.

천정부지로 치솟은
예술작품 가격

—
　　　　　　　　중국 부자들 중에는 예술작품을 유달리
사랑하는 사람들이 많다. 우연한 기회에 만났던 중국인 수집가도 그런
사람이었다.

5억 달러약 5,600억 원 정도 자산을 보유한 것으로 알려진 그를 만난 곳
은 베이징 시내의 한 고급 아파트였다. 그가 손님이나 친구를 만날 때
사용하는 일종의 접대 공간이었다. 가정집과 사무실의 중간 정도로 꾸
며진 아파트 내부에는 다양한 예술작품이 가득했다. 벽면에는 중국과
해외의 유명 작가 그림이 다수 걸려 있었고, 특이한 모양의 조형물들
도 곳곳에 자리를 차지하고 있었다. 화장실에 꽤 유명한 그림이 걸려 있
는 것이나, 거대한 붙박이 냉장고에 고급 와인이 가득한 것도 인상적이
었다.

사업으로 부를 축적한 이 수집가는 지금은 예술작품 수집에 전념한
다. 그의 예술작품 수집을 지원하기 위해 그의 아내는 시내 모처에서 화
랑까지 운영하고 있다. 화랑은 주로 젊은 작가들을 키우는 공간이다. 그
가 후원한 작가가 성공할 경우 돌아오는 보상은 상상하는 것 이상이다.
수집가들에게도 특성이 있는데 그는 100억 원대 이상의 고가 예술작품
을 사들이는 쪽은 아니었다. 그보다는 전도유망한 작가를 발굴하는 쪽
에 더 관심을 갖는 스타일이다.

이에 비해 경매를 통해 수백억 원대 명작에 투자하는 스타일의 수집

가들도 중국에는 많다. 대표적인 인물이 상하이의 금융 부자로 알려진 류이첸劉益謙이다. 택시 기사 출신의 류이첸은 부동산과 제약업 관련 업체에 투자해 큰돈을 번 것으로 알려져 있다. 그의 자산은 16억 달러약 1조 8,000억 원에 달한다. 그 역시 부인과 함께 상하이에서 미술관 2개를 운영하고 있다. 그는 좋은 작품은 가격을 불문하고 사들이는 것으로 유명하다.

그는 중국 예술작품 경매 사상 최고액을 베팅한 적도 있다. 홍콩 크리스티 경매에서 명나라 영락제1402~1424년 때 제작된 티베트 불화〈탕카〉를 3억 4,840만 홍콩달러약 500억 원에 낙찰받았다. 〈탕카〉는 비단이나 면직물 위에 그려진 티베트 불화를 말한다. 작품은 가로 213.4센티미터, 세로 335.3센티미터 크기 비단에 부처 '락타 야마리' 모습을 그린 것이었다. 이 작품이 지난 2002년 미국 수집가에게 3,000만 홍콩달러약 43억 원에 팔렸던 것을 감안하면 무려 11배나 오른 것이다. 류이첸은 이 작품을 아내와 함께 운영하는 룽미술관에 전시했다.

그는 홍콩 소더비 경매에서 명나라 성화제1464~1487년 때 제작된 지름 8센티미터짜리 작은 술잔을 2억 8,124만 홍콩달러약 403억 원에 사들여 화제가 된 적도 있다. 중국 도자기 경매가로는 사상 최고가로 기록됐다. 이 술잔은 수탉과 암탉 한 쌍이 병아리들을 돌보는 모습이 그려져 있다. 그냥 봐서는 일반 술잔과 크게 다르지 않지만 전문가들은 명나라 시대의 높은 예술성을 보여준다는 평가를 내렸다.

중국 대표 엔터테인먼트업체 화이브라더스를 설립한 왕중쥔王中軍 회장도 대형 수집가 반열에 올랐다. 그는 소더비 경매에서 빈센트 반 고흐의 명작 〈정물, 데이지와 양귀비 꽃병〉을 6,176만 5,000달러약 690억 원에 낙찰받았다. 이는 예상 낙찰가인 3,000만~5,000만 달러를 훌쩍 뛰어넘은 가격이었다. 이 그림은 고흐가 사망하기 직전인 1890년 6월 완성한 작품으로 그의 정신적 친구인 가셰 박사에게 선물로 준 것이었다.

부동산 개발업체 완다그룹 회장으로 알리바바가 뉴욕 증시에 상장하기 직전까지 중국 최대 부호 자리를 차지했던 왕젠린王健林도 대단한 미술품 수집가다. 그는 이미 1990년대부터 그림을 사들였다. 그는 푸바오스傅抱石와 류하이쑤劉海粟, 리커란李可染, 판톈서우潘天寿, 황빙홍黃賓虹, 우관중吳冠中, 양페이윈楊飛雲 등 중국 유명 미술가 작품을 대거 소장하고 있다. 폴 고갱과 폴 세잔, 파블로 피카소 등 외국 유명 작가의 작품도 적지 않다. 피카소의 1950년 작품 〈클로드와 비둘기〉를 2,820만 달러약 320억 원에 매입하기도 했다.

중국 부자들이 이런 예술작품에 투자를 하는 이유는 그것이 대체 투자 수단으로 그만이기 때문이다. 부동산 시장이 둔화됐을 때를 대비한 포트폴리오 차원이다. 다른 자산에 비해 해외로 빼돌리거나 돈세탁을 하는 데 유리한 것도 한 요인이다. 뉴욕에 소재한 온라인 미술품 경매 회사 아트넷에 따르면 중국 부자들은 보유 재산의 평균 17%가량을 예술작품에 투자하고 있다고 한다. 미국9%과 영국7%에 비해 훨씬 더 높다. 통이 큰 중국 부자들의 과감한 베팅에 예술작품 가격에 과도한 거품이 끼고 있다는 분석도 나온다.

인생은 느리지만 결정적 순간은 몇 걸음 안에 결판난다

마윈 알리바바 회장은 1964년 저장성 항저우의 평범한 가정에서 태어났다. 그는 18세 때 대학 입시에 실패하면서 생계 전선으로 뛰어들었다. 잡지사에서 발간된 서적을 삼륜자동차에 싣고 배달하는 일이었다. 이때 마윈은 우연히 저장성 무용가협회장을 도와 서류를 정리하다가 작가 루야오(路遙)의 대표작 《인생》을 읽고 깨달음을 얻는다. "인생의 길이 비록 느리고 길지만 결정적인 순간은 몇 걸음 안에 결판이 난다"는 문구에 감명을 받은 것이다. 그는 바로 일을 그만두고 다시 대학 입학시험 준비에 들어갔다. 낮에는 일하고 밤에는 공부하면서 삼수까지 했지만 4년제 대학에 갈 성적이 안 돼 전문대인 항저우사범학원 영어과에 입학했다.

그는 공부에 재능은 없지만 영어를 무협지만큼이나 좋아했다. 유명 관광지인 항저우 서호(西湖)를 찾아가 외국인 관광객들에게 말을 걸면서 실전 영어도 익혔다. 나중에는 아버지에게 꾸중을 듣고는 영어로 말대꾸를 하는 기행을 보이기도 했다. 덕분에 그는 1988년 대학 졸업과 동시에 항저우전자과기대 야간부에 영어 교사로 취업할 수 있었다.

사업가 기질을 갖고 있던 마윈은 7년간의 영어 교사 생활을 정리하고 30세의 나이로 첫 창업을 했다. 자신의 특기인 영어를 살려 항저우에 첫 전문통역 회사를 설립했다. 이미 항저우에서 영어를 가장 잘하는 사람이라는 평가를 받던 시기였다.

이때 그는 마이크로소프트(MS) 본사가 있는 미국 시애틀로 출장을 가게 됐다. 그곳에서 처음으로 인터넷을 접하고는 자신이 설립한 통역 회사 광고를 곧바로 인터넷 사이트에 올렸다. 오전 10시에 광고를 올렸는데 점심을 먹기도 전에 미국과 독일, 일본 등에서 6통의 이메일이 도착했다. 마윈은 중국 기업 자료를 수집해 인터넷으로 판매하면 장사가 되겠다고 생각했다.

그는 곧바로 시애틀에 있는 친구와 함께 B2B 전자상거래 사이트를 만들기로 의견을 모았다. 중국으로 되돌아온 날 밤 그는 무역 계통에 종사하는 친구 24명에게 새 사업 모델에 대한 조언을 구했다. 23명이 반대하고, 1명이 찬성했다. 하지만 그는 사업을 진행하기로 결단을 내렸다.

마윈은 1995년 4월 31세의 나이로 7,000위안(약 120만 원)의 자기 자금과 여동생, 매형, 부모 등 친척에게 빌린 돈 2만 위안(약 340만 원)으로 하이보넷이라는 회사를 설립했다. 중국 최초의 인터넷 회사로 평가받는 곳이다. 하이보넷은 B2B 전자상거래 사이트 '차이나 페이지' 운영에 들어갔다. 창업 이듬해 700만 위안(약 12억 원)의 매출을 올리는 작은 성과도 거뒀다.

그에 힘입어 항저우전신으로부터 140만 위안(약 2억 4,000만 원)의 투자를 받으면서 지분 70%를 내주었다. 그러나 대기업과는 경영 이념이 너무 달랐고, 합작은 실패로 돌아갔다. 그는 차이나 페이지를 포기하고 나오면서 자신의 보유 지분을 창업에 참여한 직원들에게 분배했다. 이후 그는 중국 대외경제무역부가 설립한 중국국제전자비즈니스센터(EDI)에 30% 지분으로 참여했다. 그는 온라인 무역을 지원하는 이 사이트를 통해 다양한 B2B 비즈니스를 경험했다. 그러나 국유기업 역시 그의 생리에 맞지 않았다.

1999년 회사를 박차고 나온 그는 동료들과 함께 새로운 전자상거래 회사를 설립하기로 하고 50만 위안(약 8,500만 원)의 자본금을 모았다. 이들은 세 가지 목표를 세웠다. 첫째, 102년간 생존할 회사를 만든다. 둘째, 중소기업을 위해 일한다. 셋째, 세계 톱10에 들어간다.

100년도 아니고 102년이 나온 이유는 1999년 창업한 알리바바가 102년간 생존하면 2101년이 된다. 그러면 알리바바는 20세기, 21세기, 22세기 등 3세기에 걸쳐 생존하는 기업이 된다는 뜻을 담고 있다.

회사 이름을 알리바바로 지은 마윈은 1만 달러(약 1,120만 원)에 캐나다인으로부터 사이트 주소를 사들였다. 사무실은 그의 집이었다. 많을 때는 35명이 그의 집에서 일을 하기도 했다. 하루 16~18시간 미친 듯이 일하던 시기였다. 동료들 모두 일하다가 지치면 그 자리에서 쓰러져 잠들었다. 마윈은 가장 큰 실패는 포기라고 말하며 직원들을 독려했다. 이렇게 해서 1999년 3월 알리바바 사이트가 공식 출범했다.

대륙인의 삶

자식에게 세습되는
후커우 제도

—   중국인들은 거주 이전의 자유를 누리고
있다. 중국 어디에 가서 살든 개인의 자유다. 그러나 거주 이전의 자유를
완전하게 누리고 있다고 말할 수는 없다. 그 이유는 바로 중국 특유의
후커우戶口 제도 때문이다. 우리말로 '호적'이라는 단어에 가장 가까운
이 후커우 때문에 많은 중국인들이 거주 이전에 제약을 받는다.

중국인에게는 태어나면서부터 후커우가 부여된다. 기본적으로 자신이
태어난 지역 후커우가 부여되지만 농촌 후커우를 가진 사람이 도시에서
자식을 낳았다고 해서 아이에게 도시 후커우가 부여되는 것은 아니다.
그 경우 부모 후커우가 자식에게 그대로 세습된다.

중국에서는 자신의 후커우 지역에서 살아야 편안할 수 있다. 제대로 된 지역민 대접을 받을 수 있기 때문이다. 만약 자신의 후커우와 다른 지역으로 이주해야 한다면 많은 불편을 감수하고 살아야 한다. 대개 농촌에서 도시로의 인구 이전이 대부분인 중국에서 농민이 도시에서 일자리를 얻는 경우 불편함은 이루 말할 수가 없다. 중국의 한 언론에 따르면 농촌과 도시 후커우 사이에는 33개에 달하는 차별이 존재한다고 한다.

가장 몸에 와닿는 불편은 아이들이 학교에 들어갈 때 경험한다. 대도시에서 일하는 농촌 출신 근로자를 의미하는 '농민공'의 경우 아이가 대도시 소재 초등학교에 들어가는 것이 사실상 불가능하다. 해당 도시 후커우를 가진 아이들이 내는 학비와는 별개로 일종의 기부금을 내야 입학이 가능하기 때문이다. 그 금액이 학비보다 몇 배 이상 비싸 농민공들로서는 도저히 감당할 수가 없다. 그래서 농민공들은 아이를 시골에 있는 부모에 맡긴다. 부모가 없으면 부부 중 한 사람은 시골로 내려가 아이를 키워야 한다.

큰돈을 들여 용케 대도시에서 고등학교까지 졸업을 하더라도 대학에 갈 때가 문제다. 대학 입학시험은 후커우 지역으로 돌아가서 치러야 하기 때문이다. 그 경우 해당 대도시의 명문대를 가는 것은 사실상 포기해야 한다. 외지 학생들은 입학 때 차별을 받기 때문이다. 예컨대 베이징대의 경우 베이징 후커우를 가진 학생들에 배정된 입학 쿼터가 다른 지역 출신보다 훨씬 많다. 그렇기에 지방에서 베이징대를 가는 것은 하늘의 별 따기다.

후커우가 없으면 사회보장도 제대로 받지 못한다. 도시민의 최저 생계비 지원은 해당 지역 주민 최저 임금의 40%로 산정해 이뤄진다. 그러나 후커우가 없으면 비율이 30%로 낮아진다. 실업 급여의 경우 도시민은 최저 임금 대비 75%를 받지만 농민공은 40%를 받는다. 아예 실업 급여 대상에서 제외되는 경우도 수두룩하다.

노인 우대 혜택도 마찬가지다. 도시민은 60세 이상을 노인으로 치지만 농민공의 경우는 80세 이상, 그것도 독거노인에게만 혜택이 부여된다. 저소득자는 저가 임대주택을 신청할 수 있지만 농민공에게는 자격조차 부여되지 않는다. 승용차나 주택을 구입할 때도 후커우가 없으면 초기 납입금을 더 늘려야 한다. 이 밖에도 생활에 불편함이 너무 많아 후커우 없이는 정상적인 생활을 영위하기 어렵다. 그럼에도 농민들이 도시로 몰려드는 이유는 그나마 도시에 일자리가 있기 때문이다. 하지만 이들의 생활수준이 워낙 낮아 갈수록 사회 문제로 부상하고 있다.

중국 정부가 이런 후커우 제도를 도입한 것은 고도성장의 부작용을 막기 위한 고육지책이었다. 경제가 성장하면서 도시가 발전하는 가운데 이런 규제 장치가 없으면 도시로의 인구 이전 속도가 지나치게 빨라져 중국 경제를 오히려 압박하는 요인으로 작용할 수 있기 때문이다. 거주 이전을 통제하지 않았던 태국과 필리핀, 멕시코, 브라질 등 자유주의 국가에서 농촌 인구가 급속하게 도시로 흡수되면서 수용 한계를 넘어선 탓에 도심에 대규모 빈민가가 형성된 것이 한 예다.

그러나 후커우 제도를 계속 유지하기에는 중국인들의 생활수준이 너무 올라갔다. 시진핑智近平이 국가주석으로 취임하면서 동시에 후커우 개혁 착수를 지시한 것은 부작용이 만연한 후커우 제도를 그대로 유지했다가는 사회 불안 요인이 될 수 있다는 염려 때문이었다. 그렇다고 단번에 후커우 제도를 폐지할 수는 없는 노릇이다. 그랬다가는 부담해야 할 사회적 비용이 엄청나게 커진다.

중국 정부는 오는 2020년까지 후커우 개혁을 마무리하겠다는 장기 플랜을 세워놓고 있다. 농촌 후커우를 가진 도시 거주민에게도 점진적으로 연금과 교육, 의료보험 등 복지 혜택 제공을 늘리는 방향이다. 현재 농촌 출신의 도시 유랑 인구는 약 2억 6,000만 명에 달하는 것으로 알려져 있다. 이들이 도시 후커우를 취득하게 되면 점차 신흥 소비층으로 부상할 가능성이 높다. 중국 경제의 미래를 밝게 내다보는 사람들은 바로 이들에게서 희망을 찾는다.

4조 위안 경기 부양
패키지의 역습, 스모그

—   출장이든 휴가든 한국으로 나갔다가 베이징으로 돌아온 교민들이 입에 달고 사는 말이 있다. "역시 서울이 좋아. 어찌 그리 깨끗할 수 있을까?" 모두들 일상이 바쁘다 보니 평소에는 그러려니 하고 살아가지만 어쩌다 한국을 한번 다녀오면 차이가 나도 너

스모그가 짙게 낀 날 베이징 중심지 궈마오(國貿) 지역의 모습.

무 나는 베이징과 서울의 공기를 자기도 모르게 비교하게 된다.

베이징의 나쁜 공기는 비행기가 공항에 내릴 때부터 사람의 시야를 떡하니 가로막을 정도다. 일기예보에서는 분명히 '맑음'이었는데 고도를 낮춘 비행기가 착륙을 앞두고 바퀴를 내렸음에도 창밖으로 아직 바닥이 보이지 않는 경우가 있다. 짙은 스모그가 발생한 날이다. 이런 때 공항 청사 밖으로 나오면 숨이 턱 막힌다는 말을 실감할 수 있다.

이런 베이징의 스모그는 사실 갑작스러운 현상은 아니다. 중국이 고도 성장기를 보내는 과정에서 베이징 인근에 공장이 속속 들어서고, 자동차가 급증하면서 이미 수십 년 전부터 베이징은 스모그가 심한 곳이었다. 그럼에도 요즘 들어 외국인은 물론 내국인들에게서도 부쩍 스모그에 대한 불평불만이 늘어난 데는 이유가 있다.

우선 2008년 베이징 올림픽 효과가 크다. 당시 베이징 당국은 전 세계에서 모인 선수들이 스모그를 들이마시며 고통스럽게 운동하는 것을 막고자 필사적인 노력을 기울였다. 제철소 등 오염 물질을 많이 배출하는 공장은 대부분 도시 밖으로 밀어냈다. 올림픽을 앞두고 자동차 홀짝제를 도입해 운행 차량을 절반으로 줄였다. 날씨가 건조하면 먼지가 더 많이 발생하는 만큼 인공 강우 기술을 총동원해 수시로 비를 뿌려댔다.

이런 노력 덕분에 중국은 올림픽을 무사히 치를 수 있었고, 스모그 현상도 눈에 띄게 줄일 수 있었다. 이후 수년간 베이징에 거주하는 내·외국인들은 "베이징 공기가 많이 개선됐다"는 평가를 아끼지 않았다. 그러던 상황에서 2013년 초부터 갑자기 스모그가 악화되자 충격이 배가됐다. 2013년 1월 한 달간 스모그가 발생한 날이 무려 26일에 달했으니 숨쉬기조차 버거울 정도였다.

느닷없이 스모그가 악화된 배경에 대해서는 여러 가지 주장이 있지만, 글로벌 금융위기 극복을 위해 활용한 '4조 위안 경기 부양 패키지'의 역습이라는 주장이 가장 설득력 있다. 2008년 미국의 리먼 브러더스 파산으로 촉발된 금융위기의 충격파는 중국도 빗겨가지 못했다. 중국으로 밀려들었던 글로벌 자금이 일순간에 빠져나가기 시작하면서 중국 경제도 절체절명의 위기에 처했다. 이때 후진타오胡錦濤 국가주석과 원자바오溫家寶 총리 투톱이 꺼내든 카드가 바로 4조 위안에 달하는 재정을 경기 살리기에 쏟아붓겠다는 것이었다. 4조 위안이면 당시 환율로는 900조 원에 달하는 어마어마한 금액이었다.

이 천문학적인 경기 부양 자금은 이후 수년간에 걸쳐 개인과 산업계에 살포됐다. 개인의 경우는 자동차나 가전제품을 구매할 때 보조금으로 지급됐다. 자동차 구매가 일시적으로 급격하게 증가했음은 두말할 필요가 없다. 결국 베이징과 상하이 등 주요 대도시에서는 개인의 자동차 구매를 법적으로 제한해야 하는 지경에 이르렀다. 문제는 중국 자동차 엔진은 환경 기준이 선진국에 비해 한참 떨어진다는 점이다. 뿐만 아니라 연료 품질과 효율도 떨어져 자동차가 같은 거리를 움직여도 더 많은 오염물질을 배출하는 구조다. 중국의 스모그가 2013년 초부터 갑자기 악화된 데는 이처럼 막대한 재정 살포와 그에 따른 자동차 급증이 가장 큰 원인이 됐을 것이라는 게 전문가들의 추정이다.

경기 부양 자금은 또한 산업계로 투입돼 철강이나 화학 등 제조업의 생산력을 배가시켰다. 이들 제조업의 주요 에너지원은 석탄이나 전력인데, 전력을 생산하는 발전소의 원료도 석탄이기 때문에 석탄의 수요가 급증할 수밖에 없는 구조였다. 자동차 배기가스와 석탄을 태울 때 나오는 오염물질이 평소보다 급증하면서 대기 생태계의 균형이 깨졌고, 그것이 스모그의 역습으로 나타났다는 해석이다. 이는 베이징의 스모그가 10년 전보다 지금이 더 심한 이유다.

또한 베이징 시민들의 높아진 소득 수준은 공기에 대한 관심으로 이어져 스모그에 대한 불만을 부채질하고 있다. 게다가 먹고사는 문제만 해결하면 그만이었던 과거와 달리 요즘은 중국의 서민들도 삶의 질을 따지는 시대로 접어들었다. 국가 지도자들로서는 이런 상태가 지속되면 스모그가 단순히 시민들의 건강을 해치는 요인이 아니라 집권 기반을 약화시키는 원인으로 작용할 수도 있겠다는 생각을 하지 않을 수 없다.

중국은
흡연자들의 천국?

—   담배를 끊은 지 10년이 넘었지만 중국에서는 가끔 담배를 입에 물어야 할 일이 생긴다. 업무적인 일로 만난 중국인이 담배를 권했을 때다. 담배를 감사히 받아 들면 상대방 표정이 금세 밝아지지만 담배를 끊었다고 거절하면 다소 애매한 표정이 돌아온다. 담배 연기를 폐 깊숙이 삼키지 않고 입안에만 머금다 뱉어도 큰 상관은 없다. 그저 담배를 함께 피고 있다는 사실만으로도 상대방이 동질감을 느끼기 때문이다. 장소도 구애받지 않는다. 식당이나 카페는 물론 사무실, 5성급 호텔 로비에서도 대부분 흡연이 가능하다. 심지어는 사방이 밀폐된 아파트 복도에서 버려진 담배꽁초를 발견하기도 한다. 언젠가는 피던 담배를 들고 아파트 엘리베이터를 타는 사람까지 목격한 적이 있다. 개인의 예절에 관한 문제겠지만, 그런 사람을 보더라도 제지하는 사

람은 보지 못했다. 중국은 그야말로 흡연자 천국이다.

중국의 흡연자 수는 최대 3억 5,000만 명을 넘어선 것으로 추정된다. 전 세계 흡연자 수 11억 명 가운데 30%를 넘어서는 규모다. 중국 담배 회사들이 한 해 생산하는 담배는 총 1조 7,000억 개피로 세계 2위인 미국에 비해 2.5배 많다. 간접흡연까지 감안하면 흡연으로 피해를 입는 중국인 수가 7억 4,000만 명까지 늘어난다. 매년 100만 명이 흡연 관련 질병으로 사망하고, 10만 명 정도는 간접흡연 관련 질병으로 숨진다. 10년 뒤에는 흡연 관련 질병으로 인한 사망자 수가 연간 200만 명으로 늘어날 것이라는 전망이다.

중국인의 악성종양 사망자 가운데 폐암이 원인인 경우가 22.7%를 차지해 간암을 제치고 1위로 올라섰다. 더구나 흡연은 폐암만이 아니라 식도암과 위암, 백혈병 등 총 13종의 암을 초래한다는 게 연구당국의 발표다.

이런 중국에서도 얼마 전부터 새로운 변화가 모색되고 있다. 더 방치했다가는 흡연으로 인한 폐해가 감당하기 어려울 정도로 커질 것을 우려한 정부가 직접 나서기 시작한 것이다.

보건 분야를 담당하는 중국국가위생계획생육위원회가 몇 년 전 실내 공공장소에서 흡연을 금지하는 조례를 만들겠다고 선언한 것이 신호탄이었다. 그 이후 각 지방 정부 중심으로 흡연을 제한하는 분위기가 만들어지고 있다.

중국 서부 내륙의 간쑤성 란저우蘭州가 대표적이다. 란저우는 공공장소 금연조례를 만들어 초등학교와 중학교, PC방 등 청소년들이 주로 생활하는 8개 장소에서 흡연을 전면 금지했다. 식당과 호텔 등 4개 공공 장소에서도 흡연을 제한하기 시작했다. 지린성 창춘長春은 간접흡연 예방조치를 발표해 공공장소에서 공무원들의 흡연을 전면 금지했다. 또한 의사는 환자 앞에서, 교사는 학생 앞에서 담배를 피우지 못하게 했다.

이런 움직임이 나타난 데에는 당 중앙위원회 판공실과 국무원 판공실 등 당정 지도기관이 간부들의 공무활동 중 공공장소에서 담배를 피우는 행위를 엄격히 금지하기로 한 것이 영향을 미쳤다는 분석이다. 중국에서 는 아무리 어려운 일도 당이 직접 나서면 힘이 실린다.

최근에는 상하이의 쇼핑몰에도 금연 표시가 부착되기 시작했다. '상하이 최고 금연령'이라고 불리는 상하이 공공장소 흡연통제조례가 최근 전면 시행에 들어갔기 때문이다. 이 조례로 인해 상하이의 실내 공공 장소, 실내 근무장소, 대중교통 내부가 모두 금연 지역으로 지정됐다. 또 기존 실내 흡연실과 흡연구역이 순차적으로 철거되고 있다. 금연 규정 을 어긴 사업장은 최대 500만 원에 가까운 벌금을 내야 하고, 개인에게 도 최고 3만 원대의 벌금이 부과된다. 앞서 베이징도 고강도 금연조례를 시행하며 흡연에 대해 엄격한 통제를 시작했다. 중국철로총공사는 고속 철에서 흡연을 하다가 적발된 사람에게 벌금을 부과하고 또 다시 걸릴 경우 영원히 고속철을 탈 수 없도록 하는 내용의 강력한 금연 방안을 발 표하기도 했다. 중국 고속철에서 담배를 피우다 처음 적발되면 최고 30 만 원대의 벌금을 내고 재발 방지 서약서를 작성해야 한다. 그리고 재차

적발되면 다시는 고속철을 탈 수 없도록 규정했다. 고속철과 같이 제한된 공간에서는 금연 규제가 비교적 잘 지켜지고 있지만 공원 등 공공장소에서의 흡연은 여전히 개인에게 맡겨져 있는 만큼 갈 길이 먼 것이 현실이다. 아마도 중국의 1인당 국민소득이 최소 1만 5,000달러 이상으로 올라가 국민들의 관심이 건강이나 웰빙 쪽으로 옮겨가기 전에는 중국이 흡연자 천국이라는 오명을 벗기는 어려울 것 같다.

여전히 진행 중인
먹거리 공포

—

　　　　　　　　　　중국 베이징은 봄이 짧기로 유명하다. 삭풍이 불어닥치는 겨울이 지나면서 날이 풀리기 무섭게 곧바로 더워진다. 5월만 되도 낮 기온이 30도를 훌쩍 넘어설 때가 적지 않다. 극심하던 일교차도 줄어들어 밤바람을 맞아도 선선함보다는 후끈함이 느껴질 때가 많다.

　이맘때면 동네 곳곳 밤거리에 어김없이 양꼬치 노점이 펼쳐진다. 삼삼오오 길바닥에 둘러앉아 화롯불에 구운 양꼬치를 앞에 놓고 백주나 맥주를 들이켜는 모습을 보고 있노라면 입안에 군침이 절로 돈다. 순간적으로 먹고 싶은 욕망이 강하게 들지만 실행에 옮긴 적은 한 번도 없다.

　베이징 토박이인 중년의 여성 중국어 강사 말이 뇌리에서 잊히지 않기 때문이다. 그녀는 "나는 중국인이지만 중국의 길거리에서 파는 음식은 절대로 사 먹지 않는다. 어떤 재료로 어떻게 만드는지 믿을 수 없기 때문이다"라고 고백했다. 이후 필자는 길거리 음식이 아무리 맛있어 보여도 먹을 수 없었다.

그 강사의 말이 현실로 확인되기까지는 그리 오랜 시간이 걸리지 않았다. 시중에 유통되는 양고기 중에 쥐고기가 섞여 있다는 소문이 당국에 의해 밝혀진 것이다. 상하이 바로 위에 있는 장쑤성의 우시無錫 공안국이 쥐와 여우, 밍크 등 검역을 거치지 않은 동물 생고기를 구입해 젤라틴과 색소를 넣고, 소금을 뿌려 양고기로 둔갑시킨 업자를 구속했다. 이들이 가짜 양고기를 상하이 등 대도시 농축산물 시장에 유통시켜 얻은 부당이득은 1,000만 위안약 17억 원에 달했다. 공안국이 가짜 양고기 제조업소 50곳을 소탕해 63명을 체포했는데 현장에서 압수한 가짜 양고기가 무려 10톤에 달했다고 한다.

산시성陝西省 공안국에서는 농약에 중독된 양고기를 유통시킨 업자가 구속된 적이 있다. 이 업자와 연결된 식당에서는 양고기에서 농약 냄새가 났음에도 그대로 구워 팔았고, 결국 손님 중 한 명이 사망하고 말았다.

더 놀라운 것은 길거리에서 파는 양고기만 문제가 아니었다는 사실이다. 가짜 양고기는 유명 프랜차이즈 음식점에도 납품된 적이 있다. 업자들은 샤오페이양과 타이메이, 탄훠궈, 핀상더우라오, 아오먼더우라오 등 유명 프랜차이즈업체들과도 거래했다고 실토했다. 이들 음식점은 중국에서도 중산층 이상이 이용하는 식당들이라는 점에서 더욱 충격적이었다.

수돗물만도 못한 생수 파문도 있었다. 생수 품질 검사가 수돗물보다 허술하다는 사실이 알려지면서 논란이 된 것이다. 수돗물에서는 대장균을 허용하지 않지만 생수에서는 100밀리리터당 3마리 미만이면 합격이다. 수은과 은, 포름알데히드, 산성도 등 수돗물 검사의 필수항목이 생수 검사에서는 빠지는 것도 문제로 제기됐다.

산둥성에서는 맹독성 농약으로 생강을 재배하던 농민들이 적발된 적도 있다. 이 농약은 사람이 50밀리그램만 먹어도 사망에 이르게 할 수 있다고 한다. 농민들은 수확일로부터 150일 이전에 한 차례만 사용할 수 있는 규정을 어기고 수확 직전에도 기준치의 3~6배에 달하는 맹독성 농약을 생강 밭에 뿌린 것으로 드러났다.

국내뿐만 아니라 해외로 수출한 식품이 문제가 된 경우도 있다. 아프리카의 나이지리아 세관에서 있었던 일이다. 중국에서 선적된 50킬로그램짜리 쌀 100여 포대가 나이지리아 경제수도 라고스항으로 들어왔다. 나이지리아 정부가 쌀 가격 급등에 대응해 긴급하게 쌀을 수입했던 것이다. 그러나 중국에서 들어온 이 쌀은 가짜 쌀이었다. 쌀에서는 화학약품 냄새가 났고, 밥을 지으면 플라스틱처럼 녹아내렸다. 알고 보니 이 쌀은 식용이 아니라 진열대에서 사용되는 모조 쌀로 드러났다.

중국에서 가짜 먹거리는 신문 사회면의 단골 소재다. 박스용 종이를 짓이겨 만든 만두소나 100% 화학물질로 만든 계란, 단백질 함유량을 높이기 위해 멜라민을 섞은 분유, 오리 앞가슴 살로 만든 가짜 쇠고기 등 종류도 다양하다.

오죽하면 시진핑까지 나서 식품안전 문제를 제기했을까. 시진핑은 2017년 초 국무원 식품안전위원회에 참석해 "백성은 식량을 생존의 근본으로 여긴다. 식품안전을 강화하는 것은 14억 중국인들의 건강과 생명 안전에 연관된 중대한 사안"이라며 불량식품과의 전쟁을 선포했다. 그러나 중국이 먹거리 공포에서 어느 정도 벗어나려면 1인당 국민소득이 지금보다 적어도 2배 이상은 오른 2만 달러는 넘어서야 가능해질 것이라는 분석이 많다.

허례허식의 상징, 결혼식 문화

—

알고 지내는 중국인이 늦장가를 간다며 청첩장을 내밀었다. 중국의 결혼식 문화가 궁금하던 터에 잘됐다 싶어 얼마 뒤 만사를 제치고 결혼식장으로 달려갔다. 식장 입구의 축의금 접수처에는 친절하게 빈 봉투도 놓여 있었다. 온통 빨간색인 이른바 '훙바오红包' 봉투다. 얼마를 넣어야 할지 고민하다가 한국에서처럼 10만 원 정도면 무난할 것 같아 600위안을 넣었다.

결혼식이 끝나고 혹시나 싶어 중국에 오랫동안 계신 분에게 중국인들은 보통 축의금으로 얼마를 내느냐고 물었다가 깜짝 놀랐다. 어느 정도 아는 사이면 최소 1,000위안 정도, 아주 친한 사이면 3,000위안도 쉽게 한다는 것이었다. 내 이름이 적힌 봉투를 보면서 새 신랑이 "째째하다"고 생각할까 싶어 손이 오그라들었다.

1인당 국민소득이 한국의 3분의 1도 안 되는 중국에서 축의금 기본단위가 우리보다 2~3배 이상 되는 상황을 어떻게 이해해야 하는 것일까. 해답은 중국의 독특한 결혼식 문화에 있었다. 중국의 전통적인 몐즈체면 중시 문화가 뿌리 깊게 박혀 있는 대상이 바로 결혼식이었다.

주말이면 대로에서 쉽게 마주치는 고급차 행렬이 대표적인 사례다. 중국인들은 결혼을 할 때 우리처럼 1대의 웨딩카를 쓰는 게 아니라 10여 대 이상을 동원하는 경우가 많다. 그것도 대부분 벤츠와 아우디, BMW 등 고급차들이다. 붉은색 꽃 장식을 단 고급차 수십 대가 줄지어 지나가는 모습은 장관이다.

이들 차량은 신랑·신부가 집에서 결혼식장으로 이동할 때와 결혼식이 끝나고 호텔이나 공항으로 이동할 때 사용된다. 차의 맨 앞에는 신랑·신부가 타고, 나머지 차에는 친구들이 탑승하는데 운전자만 타고 있는 경우도 허다하다. 그렇게 많은 차가 필요하지 않음에도 체면을 생각해 많은 차를 동원하는 것이다.

음식도 몇 가지 반찬에 국수가 나오는 우리의 일반 결혼식과 달리 중국 특유의 다양한 요리가 식탁을 가득 채운다. 10명이 앉는 원탁의 식사 요금이 비싼 곳은 1만 위안약 170만 원을 훌쩍 넘는다. 1인당 17만 원짜리 식사를 즐기는 셈이다. 그러다 보니 결혼식 비용이 많이 들 수밖에 없다. 축의금을 많이 내야 하는 이유가 분명히 있는 셈이다.

그나마 일반인들의 결혼식은 사정이 나은 편이다. 부자들의 호화 결혼식 비용은 단위가 완전히 다르다. 그렇다고 호화 결혼식을 한 사람을 일방적으로 비난하는 문화는 거의 없다. 중국에서 호화 결혼식을 많이 하는 곳으로 유명한 지역은 동남부 해안을 끼고 있는 푸젠성福建省이다. 푸젠성은 딸을 시집보내면서 많은 지참금을 들려 보내는 풍습이 오래전부터 전해 내려오고 있다.

푸젠성 취안저우泉州에 있는 진장바이훙晉長百弘 그룹의 우진뱌오吳金彪 회장은 딸을 시집보내는 데 2억 5,000만 위안약 420억 원어치 혼수를 장만해준 사실이 알려져 유명세를 탔다. 그녀의 혼수 목록에는 현금 1억 위안, 주식 1억 위안, 롤스로이스와 벤츠 각 1대, 4,000만 위안짜리 별장 등이 포함돼 있었다. 3,000명이 참석한 피로연에는 400개의 테이블이 필요했다. 피로연 비용만 800만 위안약 13억 5,000만 원이 들었다. 이 결혼은 1년 전 같은 지역의 헝안그룹 회장이 조카딸에게 해준 1억 4,000만 위안약 240억 원어치 혼수 기록을 깬 것으로도 유명하다.

푸젠성 결혼식만큼은 아니지만 서부 내륙 충칭重慶에서 역사상 최고 값비싼 결혼식이 지역 신문에 보도된 적도 있다. 푸싱도어그룹의 쩡궈 회장의 아들 결혼식에 총 500만 위안약 8억 5,000만 원의 비용이 들었다고 현지 신문이 대서특필한 것이다. 축가를 부른 에릭우, 장위헝 등 가수 섭외 비용만 200만 위안약 3억 4,000만 원 이상이 들었다고 한다. 나이지리아

출신 흑인으로 중국에서 활동하는 외국인 가수 중 가장 유명하다는 우
웨추에 엠마뉴엘도 노래를 불렀다.

찡궈 회장은 시민들의 비판을 의식한 듯 "어린 시절을 함께 보내지 못
한 아들에 대한 미안한 감정 때문에 결혼식 선물을 한 것이지만 회사를
홍보하는 이벤트도 겸했던 만큼 일석이조의 효과를 봤다"고 해명했다.

돈을 쓰는 데 자유로운 기업인들과 달리 공직자들의 호화 결혼식은
요즘 들어 집중 감시 대상이다. 시진핑의 부정부패 척결 운동 탓이다. 후
난성湖南省 사법청의 왕친성 부청장은 아들 결혼식에 경찰차 20대를 동
원했다가 한 네티즌이 인터넷에 올린 사진 때문에 당국의 조사를 받아
야 했다. 그러나 이런 경우는 아주 드문 사례다. 중국의 결혼식 사치 문
화가 사라지려면 아직도 많은 시간이 필요할 것 같다.

한 자녀 정책 폐기의
놀라운 효과

—   중국 산둥성에서 가택연금을 뚫고 영화의
한 장면처럼 야음을 틈타 탈출에 성공한 시각장애인 인권변호사 천광청
陳光誠. 그가 당국으로부터 반체제 인사로 낙인찍힌 이유는 농촌마을에
서 자행되던 강제 낙태의 현실을 고발했기 때문이었다. 중국에서 이뤄졌
던 무자비한 강제 낙태의 근거는 덩샤오핑이 1979년 12월 발표해

1980년 1월부터 적용돼온 '한 자녀 정책'이었다.

철저한 언론 통제로 그동안 잘 드러나지 않던 강제 낙태의 현실이 적나라하게 확인된 것은 인터넷에 올라온 한 장의 사진 덕분이었다. 젊은 여성이 숨진 태아와 함께 나란히 누워 있는 모습이었다. 사진 속 여성은 중국 서부 내륙 산시성 안캉安康 쩡자진曾家鎭에 사는 농민 펑젠메이馮建梅였다. 당시 임신 7개월이던 그녀는 둘째 아이를 가졌다는 이유로 지방 정부 관리들에게 강제로 병원으로 끌려가 낙태를 당한 직후였다. 한 자녀 정책은 중국의 후진적 인권 상황을 적나라하게 보여주는 대표적 사회 문제였다.

한 자녀 정책은 극심한 성비 불균형이라는 문제도 초래했다. 남아선호 사상이 강한 중국에서 골라 낳기가 성행하면서 여아 100명당 남아 수가 119명까지 높아졌다. 20세 미만 인구를 기준으로 남성이 여성보다 2,000만 명 이상 많다. 각 나이대별로 남성이 여성보다 100만 명 이상 많다는 뜻이다.

이런 극도의 성비 불균형은 단순히 남성이 짝을 찾기 어려워진 것에 그치지 않고 각종 사회 문제로 이어질 가능성이 크다고 전문가들은 경고한다. 일부 시골에서는 배우자를 사고파는 매매혼이 벌어지고 있다. 짝을 찾지 못한 남성들의 불만이 성범죄로 이어질 가능성도 배제할 수 없다.

한 자녀 정책이 사람의 심성을 유약하고 부정적으로 만든다는 학술적 주장도 제기됐다. 호주 멜버른 모나시대 발전경제학연구팀은 한 자녀 정책 이전과 이후 출생자의 성향을 비교·분석했는데 그 결과를 〈사이언스〉에 게재했다. 한 자녀 정책 이전인 1975년과 1978년생 그룹은 이후 출생자인 1980년과 1983년생 그룹에 비해 경쟁에 더 적극적이면서 세상을 바라보는 관점도 더 긍정적인 것으로 나타났다. 위험을 감수하는 태도도 형제자매가 있는 그룹이 더 적극적이었다.

하나밖에 없는 자녀에 대한 부모의 지나친 관심이 외동 세대의 이혼을 조장한다는 분석도 있다. 장쑤성 우시인민법원은 "외동 세대 이혼율이 급상승하면서 최근 2년간 전체 이혼의 40%를 차지했다. 그중 70%는 이혼 사유가 부모의 지나친 간섭이었다"고 밝혔다. 과보호 속에서 자라난 외동 자녀들이 부부 문제를 스스로 해결하지 못하고 부모에게 의존하다가 집안 갈등을 키운 경우가 많았다는 것이다.

호적상 존재하지 않는 이른바 '헤이하이즈黑孩子' 문제도 심각하다. 처벌이 무서워 호적에 올리지 못한 아이들을 뜻하는 헤이하이즈가 중국 전역에 1,300만 명이나 된다고 한다. 중국에서는 호적이 없으면 학교에 갈 수도, 사회보장 혜택을 받을 수도 없다. 몸이 아파도 변변한 병원 치료조차 받지 못한다. 이들이 성장하면서 사회 불만 세력에 편입될 가능성을 당국은 염려하고 있다.

무엇보다 한 자녀 정책이 이제 중국 경제를 압박하기 시작했다. 30년 이상 지속된 한 자녀 정책으로 출산율이 급락하면서 노동 인구가 감소세로 전환됐다. 노동가능 인구로 분류되는 15~60세 인구는 2012년을 정점으로 줄어들기 시작했다. 중국의 고도성장기를 떠받쳐온 '인구 보너스' 효과가 사라진 셈이다.

　다급해진 중국이 한 자녀 정책 완화 카드를 조심스럽게 꺼내 든 것은 2012년이었다. 정부 산하 중국발전연구재단CDRF이 처음으로 한 자녀 정책 완화 필요성을 제기한 것이 신호탄이었다. 이 재단이 주장한 대로 중국 정부는 35년간 유지해온 한 자녀 정책을 2015년 전면 폐기했다. 2013년 부부 중 어느 한쪽이 독자인 경우에만 두 자녀를 허용하는 것에서 더 나아가 누구라도 두 자녀를 가질 수 있는 두 자녀 정책으로 전면 선회한 것이다.

　효과는 기대 이상이었다. 두 자녀 정책 도입 이듬해인 2016년 중국 전역의 병원에서 태어난 신생아 수가 전년보다 11.5% 늘어난 1,846만 명에 달해 2000년 이후 최고 수준을 기록했다. 특히 이들 신생아 중 둘째 이상 자녀인 경우가 무려 45%에 달했다. 이에 따라 중국의 합계 출산율한 여성이 가임기간 동안 낳을 수 있는 평균 자녀 수은 1.5명 전후에서 1.7명으로 상승했다.

백색도 흑색도 아닌
회색이 필요하다

젊은 나이에 인터넷 왕국을 일구며 글로벌 스타 기업인으로 부상한 마화텅(馬化騰) 텐센트(騰訊, 텅쉰) 회장의 삶은 중국 모든 젊은이의 롤모델이 되고 있다. 그가 하루아침에 벼락부자가 된 졸부가 아니라 정규 코스를 착실히 밟으며 창업의 길에 들어선 뒤 각고의 노력으로 정상의 자리를 차지했다는 점에서 그렇다.

1971년 10월 광둥성 차오양(潮陽)에서 태어난 그는 13세가 되던 해 부모님을 따라 하이난성에서 광둥성 선전으로 이사했다. 당시 덩샤오핑이 주창한 개혁·개방의 첫 시범 지역이었던 선전은 중국 제조업의 본고장으로 부상하고 있었다.

그런 분위기를 탔던 것일까. 마화텅은 어려서부터 천문학자를 꿈꾸었지만, 고등학교 때 천문학이 현실과 거리가 멀다는 사실을 깨닫고 평소에 관심이 있던 컴퓨터를 전공하기로 마음을 고쳐먹었다. 선전대 컴퓨터공학과에 들어간 그는 숨은 실력을 발휘하기 시작했다. 일찌감치 컴퓨터 사용법을 익힌 그의 실력은 학교 내에서 타의 추종을 불허할 정도였다. 386 컴퓨터가 쓰이던 그때 친구들은 벌써 그에게 '해커'라는 별명을 붙여줬다. 그의 컴퓨터 실력이 알려지면서 심지어는 학교 전산실 직원들까지 그를 찾아가 자문을 구할 정도였다고 한다.

그는 컴퓨터 바이러스에 대한 지식이 많았다. 당시 대학에서 바이러스 관련 보안시스템 때문에 고민하는 것을 알고 마화텅이 스스로 방안을 마련해 학교에 제출했던 것은 유명한 일화로 남아 있다.

1993년 대학을 졸업한 뒤 그는 선전에 있는 룬쉰통신발전이라는 회사에 들어가 전공을 살려 소프트웨어 엔지니어 일을 시작했다.

입사 후 얼마 지나지 않아 전 세계적으로 인터넷이 퍼지기 시작했다. 인터넷을 사용해본 그는 관련 시장이 급성장할 것이라는 확신이 들었다. 회사 임원에게 기존 사업인 호출기보다 인터넷을 주력 사업으로 키워보자고 건의했지만 받아들여지지 않았다. 이에 그는 한 인터넷 업체에 선전지사를 내는 게 어떠냐고 제안한 끝에 자비로 지사를 세운 뒤 인터넷 사업에 발을 들여놨다.

홀로 독립을 하기 전에 상당 기간 투잡족으로 지내던 마화텅은 드디어 1998년 친구 장즈둥(張志東)과 함께 독자적인 인터넷 회사를 차렸다. 초기에는 다른 사업도 일부 벌였지만, 사실 그가 마음속에 깊이 간직하던 것은 메신저 서비스였다. 드디어 창업 이듬해 그는 인터넷 기반의 실시간 통신 네트워크시스템인 인스턴트 메신저를 개발했다. 이 메신저가 바로 중국인들에게 사랑받고 있는 QQ메신저의 원형이다.

마화텅이 사업가로서 두각을 나타냈지만 그의 성격은 사실 내성적인 편이다. 타고나길 그렇게 타고났다. 요즘도 바깥에서 활동하는 것보다 집에서 인터넷하는 것을 더 즐기는 것으로 알려져 있다. 회사에서 종종 파티를 개최하지만, 그 자리에 마화텅이 참석하는 것을 보기는 어렵다고 한다. 그의 이런 성격은 평소 다른 사람과 나누는 대화에서도 그대로 드러난다. 장황하게 말하는 법이 없고, 간단명료하게 요점만 전달하는 것을 좋아한다.

그렇다고 해서 그가 은둔형 CEO는 아니다. 직원들과 스스럼없이 잘 어울리는 편이다. 사적인 자리에서 직원들이 그를 '샤오마거(小馬哥)'라고 편하게 부를 정도다. 중국에서 보통 친한 형님을 부를 때 '샤오거(小哥)'라는 말을 쓰는데, 여기에 그의 성인 '마(馬)'를 결합한 것이다. 이런 가족 같은 분위기 때문에 텐센트의 이직률은 업계에서도 아주 낮은 편으로 정평이 나 있다.

새로운 도약을 준비하고 있는 마화텅은 요즘 직원들에게 '회색법칙'을 강조한다. 백색도 아니고 흑색도 아닌 회색, 즉 유연한 비즈니스 마인드가 필요함을 강조하는 말이다.

마화텅은 제품 개발 속도에 대해서도 나름의 철학을 갖고 있다. 시장은 절대 인내심을 갖고 기다리지 않는 만큼 시장에 민첩하게 대응해야 한다는 것이다. 그는 "시장에서 좋은 평가를 받는 제품이 처음부터 완벽하게 만들어져 나오는 것은 아니다. 작은 걸음으로 빨리 뛰고, 빠른 속도로 세대를 바꿔나가는 것이 중요하다. 민첩하게 하루 한두 개씩 작은 문제를 발견하다 보면 1년이면 좋은 작품이 만들어질 수 있다"고 강조한다.

제2부

익숙하고도
낯선 나라

중국 사회의 속살

시진핑마저 걱정하는
중국 축구

—   2012년 8월 말 한중 수교 20주년 기념 만
찬이 있었던 중국 베이징 인민대회당. 지금은 중국 국가주석이 된 시진
핑 당시 국가부주석이 이규형 당시 주중 한국대사와 헤드 테이블에 나
란히 앉았다. 두 사람이 이런저런 덕담을 나누던 중 자연스럽게 축구 얘
기가 화제로 떠올랐다. 시진핑은 익히 잘 알려진 대로 축구광이다. 이 자
리에 참석했던 한 인사에 따르면 시진핑이 한국의 축구 실력에 대해 상
당한 부러움을 표시했다고 한다.

시진핑이 "어린 선수들을 브라질이나 스페인으로 보내 훈련도 시키고,
해외에서 감독을 모셔오기도 하지만 생각만큼 잘 안된다. 20여 년 전에

는 중국과 한국의 축구 실력이 비슷했는데 지금은 한국이 멀리 달아났다"고 말했다는 것이다. 국가 최고지도자가 이렇게 생각할 정도로 중국인들의 축구에 대한 애정과 아쉬움은 대단하다.

중국 축구 대표팀이 2013년 태국과 경기에서 졸전 끝에 1대 5로 참패했을 때 사회적으로 난리가 난 적이 있다. 경기 직후 1,000여 명이 난동을 피운 데 이어 인터넷에서도 비난 여론이 들끓었다. 대표 선수들을 전부 바꿔버려야 한다는 주장은 점잖은 편에 속했다. 결국 중국축구협회는 호세 안토니오 카마초 대표팀 감독과 계약을 해지하고는 "경기 결과가 비정상적이고 받아들일 수 없다는 점을 인정한다. 이번 패배를 거울삼아 중국 축구 수준을 끌어올리는 데 매진하겠다"고 사과문을 발표했다.

그럼에도 중국인들의 분노는 풀리지 않았다. 심지어 중국인들에게 늘 불만의 대상인 부동산에 빗대 축구를 조롱하는 글이 인터넷에 올라와 인기를 끌기도 했다. 우선 생각만 해도 화가 난다는 점에서 비슷하다는 것이다. 약체로 평가되던 태국에도 대패하는 축구팀이나 하늘 높은 줄 모르고 치솟는 주택 값이나 중국인들을 열 받게 하기는 마찬가지라는 뜻이다. 그래서 욕을 하지만 사랑하기도 하고, 버릴 수 없기도 한 것이 부동산과 축구의 공통점으로 꼽혔다.

문제가 생기면 관련자들이 서로 책임을 떠넘기기에 바쁘다는 것도 유사한 점이다. 중국 축구는 감독이나 선수, 협회 등이 핑퐁 치듯 서로를 비난하는 일이 잦았다. 부동산도 마찬가지다. 국민들은 규제에 실패한 정부를 탓하고, 정부는 투기를 부추기는 업자들을 비난하는 모습이 축구와 서로 엇비슷하다는 것이다.

제대로 하지는 못하면서 돈만 챙긴다는 비난은 실력도 없으면서 프로 팀에서 고액 연봉을 챙기는 선수들과 일단 분양에만 성공하면 나 몰라라 하는 부동산 개발 회사를 비교한 말이다. 투기와 내기가 판을 친다거나 부정부패 문제를 때려잡아야 한다는 주장도 올라왔다. 대중과 거리가 멀다거나 스스로 잘난 척만 한다, 혹은 앞길이 막막하다는 것도 둘의 공통점으로 꼽혔다.

스포츠 강국인 중국이 유독 축구에 약한 모습을 보이는 것은 이해하기 어렵다는 시각이 많다. 중국에도 버젓이 프로축구가 있는데도 말이다. 중국의 프로축구인 슈퍼리그는 1994년에 출범해 어느덧 20년이 훌쩍 넘었다. 여기에 속한 16개 팀이 한 팀당 30경기 씩 연간 240경기를 치른다. 인기도 절대 우리나라에 뒤지지 않는다. 그럼에도 중국 축구 대표팀은 월드컵 예선에 번번이 떨어진다.

전문가들이 제기하는 부진의 원인 중 하나는 중국공산당 지배 체제에서 나오는 중국 축구의 태생적 한계다. 축구가 발전하려면 자발적인 축구클럽이 활성화돼야 하는데, 중국은 당에서 이를 탐탁지 않게 생각한다는 것이다. 국민들이 자칫 클럽을 중심으로 응집력을 발휘할 경우 당의 지배 체제에 부담이 될 수 있다는 이유다. 그 대신 당은 소수 체육특기자를 선발해 엘리트 교육에 집중하고는 있지만 이런 방식이 축구에는 잘 맞지 않는다는 주장이다.

그러나 중국에 오래 거주한 사람들은 이보다는 남의 일에 관여하기를 꺼리는 중국인들의 극단적 개인주의 성향이 축구에 어울리지 않는다는 해석을 내놓는다.

중국에 진출한 한국 금융기관 종사자들이 토로하는 불평이 있다. 중국인 직원들이 애당초 자신에게 부여된 임무 이외에는 전혀 관심을 보이지 않는다는 것이다. 이들은 어떤 사안이 발생하면 우선 자신과 이해관계를 먼저 따진다고 한다. 조금이라도 자신의 책임이 아니라고 판단되면 거들떠보지 않는다는 것이다. 혹시나 관심을 가졌다가 자신에게 책임이 돌아올 가능성을 걱정하는 것도 한 원인이라고 한다. 이런 개인주의적 성향은 문화대혁명1966~1977년 마오쩌둥이 주도한 극좌 사회주의 운동이라는 다소 아픈 역사적 경험과도 관계가 깊은 것으로 추정된다. 사상의 광풍이 불면서 가족도 믿을 수 없는, 그래서 자기 자신 이외에는 누구도 믿을 수 없었던 슬픈 역사의 그림자가 여전히 가슴 한 구석에 남아 있다는 것이다.

축구는 11명의 선수들이 자신의 역할에 충실해야 하는 것은 물론이고 다른 선수가 잘할 수 있도록 도와줘야 한다. 또한 상황 변화에 따라 아무런 이해관계 없이 유기적으로 움직이면서 다른 선수의 포지션까지 자신이 떠맡아야 하는 스포츠가 바로 축구다. 시진핑이 안타까워하는 중국 축구를 살리기 위해서는 전술 교육보다 개인주의 성향 극복이 더 중요해 보인다.

새로운 갑의 탄생,
운전기사

—

중국에서 사업을 하는 한국인 K 사장은 중국 지인들과 저녁식사를 하다가 겪은 황당한 경험을 얘기했다. 고급 한식당에서 오랫동안 '관시關係'를 맺어 친분이 두터운 중국 친구들을 만났는데 식당 지배인이 황망한 표정으로 K 사장을 불러내는 것이었다. 밖으로 나가서 얘기를 들어보니 이미 중국인 친구들의 승용차를 모는 운전기사들과 지배인이 한참 실랑이를 벌인 뒤였다.

사연은 이랬다. K 사장은 그들 운전기사 4명이 식사를 할 수 있도록 지배인을 통해 갈비 2인분과 비빔밥 4그릇을 시켜주었다. 그러나 차려진 음식을 보고는 운전기사들이 뭐 이런 싸구려 음식을 시켰냐며 화를 냈다는 것이다. 이들은 종업원에게 다른 음식을 주문할 테니 메뉴판을 가져다 달라고 요구했고, 난감해진 종업원이 지배인을 불렀다.

단골인 K 사장을 잘 아는 지배인은 이 집에서 제일 잘 나가는 음식이라며 운전기사들을 다독였지만 이들은 막무가내였다. 그중 한 운전기사는 "그러면 차라리 이 음식값만큼 돈을 내주면 나가서 먹겠다"는 희한한 제안까지 내놨다. 도무지 대화가 통화지 않자 얼굴이 벌게진 지배인이 결국 K 사장을 불러낸 것이었다.

분위기를 파악한 K 사장이 운전기사들에게 달려가 "너희 링다오領尊, 보스와 나는 십년지기 친구야 이놈들아. 어디서 행패를 부려. 먹으려면 먹고 싫으면 당장 나가"라고 호통을 치고서야 상황은 종료됐다. K 사장은 "이번에 만난 중국인들이 마침 오랜 친구 사이였기에 망정이지 그렇지 않고 공무나 사업상 만나는 어려운 자리였으면 운전기사들에게 꼼짝없이 당하고 말았을 것"이라고 말하며 혀를 끌끌 찼다.

중국에서 오랫동안 비즈니스를 해오고 있는 지인들에게 물어보니 다들 몇 차례씩 비슷한 경험이 있다고 했다. 한 사업가는 나중에 식사비를 계산할 때 보니 정작 자신이 모신 손님들보다 운전기사들이 먹은 밥값이 더 많이 나온 적도 있다고 했다. 그는 "억울하기 짝이 없는 일이었지만 그렇다고 중국인 손님 얼굴에 먹칠을 할 수도 없어 울며 겨자 먹기로 계산을 할 수밖에 없었다"고 털어놨다.

이 사업가는 중국 링다오를 만나는 한국인 손님들이 대부분 '갑甲'이 아니라 '을乙'이라는 사실을 잘 아는 운전기사들이 조직적으로 돈을 챙겼을 가능성도 배제할 수 없다고 말했다. 링다오가 자주 이용하는 식당과 짜고 계산서를 부풀린 뒤 나중에 현금을 타내는 검은 거래가 일어났을 개연성이 충분하다는 것이다. 이런 식의 거래는 사실 관원들이 업자로부터 돈을 챙길 때 써먹는 전형적인 수법으로 중국에서는 공공연하게 벌어지고 있다.

그래서 중국에서 비즈니스를 한 지 20년이 넘은 사업가 L 씨는 중국 손님들을 만날 때 운전기사에게는 밥값 명목으로 현금을 준다고 한다. 맘껏 시켜 먹으라고 하면 계산할 때 배보다 배꼽이 커지는 경우가 많고, 그렇다고 메뉴를 미리 지정해주면 시비를 걸 때가 많으니 돈으로 주고 알아서 먹으라고 하는 게 제일 깔끔하다는 것이다. 한 사람당 적어도

100위안약 1만 7,000원은 쥐어줘야 한다고 하는데 이는 운전기사들의 한 달 급여를 생각하면 하루 일당에 맞먹는 돈이다.

중국에서 운전기사들 때문에 겪는 고충은 이것만이 아니다. 전담 운전기사를 두고 있는 한국인들 중 많은 사람이 골머리를 앓고 있다.

얼마 전 중국으로 발령을 받은 한 기업체 임원은 운전기사 때문에 맘고생을 하다가 결국 한 달 만에 회사에 요청해 운전기사를 교체했다. 회사에서 10년 넘게 일한 이 운전기사는 그동안 여러 임원을 모시면서 노련해진 탓에 새로 온 임원에게 심하게 텃세를 부렸다고 한다. 약속 시간을 제대로 지키지 않은 것은 물론 급할 때도 일부러 느릿느릿 행동하는 등 임원 길들이기를 시도했다는 것이다.

해당 임원은 이 운전기사를 해고하고 싶은 마음이 굴뚝같았지만 인사팀에 문의하자 "스스로 그만두면 모를까 오랫동안 일한 운전기사를 해고하면 현지인들로부터 원성을 사기 때문에 다른 운전기사로 교체해주겠다"는 답변만 들을 수 있었다.

심지어는 운전기사들이 한국인들의 동향을 중국 정보당국에 보고하는 정보원 역할을 한다는 소문도 있다. 사실 확인이 어려운 얘기지만 중국에 나와 있는 주요 인사들 중에는 운전기사에 대해 고도의 경계심을 품고 있는 사람이 의외로 많다. 운전기사 없이는 옴짝달싹할 수 없는 중국의 현실을 감안하면 외국인을 감시하기에 운전기사만큼 훌륭한 정보원은 없지 않을까 싶기도 하다.

그래서 주요 선진국에서 나와 있는 기관원들은 인건비 부담에도 불구하고 가급적이면 현지인 운전기사를 쓰지 않는다고 한다. 그러나 비용을 아껴야 하는 한국인들로서는 알아서 조심할 수밖에 없는 노릇이다.

온갖 비리 양성하는
기부금 입학

—   우리의 수능과 같은 중국의 대학 입학시험 제도인 가오카오高考는 일반적으로 6월 초 이틀에 걸쳐 치러진다. 수험생들은 이 시험의 점수로 원하는 대학에 지원한다. 중국의 대학은 그 수가 워낙 많고 수준별로 등급이 정해져 있어 합격자 발표가 순차적으로 이뤄진다. 좋은 대학부터 먼저 발표가 나고 이어 차 순위 등급 대학이 합격자를 발표하는 방식이다. 합격자 발표는 이런 식으로 9월 새 학기가 시작되기 직전까지 계속된다.

이 과정에서 중국은 워낙 땅덩어리가 넓다 보니 한국과는 비교가 되지 않을 정도의 고충이 수험생들에게 동반되기도 한다. 예컨대 헤이룽장성黑龍江省 하얼빈에서 고등학교를 다닌 수험생이 광둥성 광저우 소재 대학에 입학 원서를 내려면 비행기로 5시간을 이동해야 한다. 항공료를 아끼려면 침대열차를 타고 꼬박 이틀을 이동해야 한다. 대개 한 수험생이 여러 곳의 대학을 지원하는 것을 감안하면 수험생들은 막대한 비용을 감수해야 한다.

그렇더라도 자신이 원하는 대학에만 갈 수 있다면 그깟 고충은 아무 것도 아니다. 중국에서도 갈수록 학력 인플레이션이 심해지면서 대학 입학 경쟁이 갈수록 치열해지고 있기 때문이다. 중국의 대학 입학 기준은 기본적으로 가오카오 성적이다. 대학별로 가오카오 성적을 기준으로 한 대략의 합격선이 존재한다. 합격선을 넘어선 학생들끼리 각 대학별로 서로 다른 전형 방식에 따라 면접과 본고사 등 경쟁을 통해 입학이 최종 결정된다. 그러다 보니 나름 눈치작전도 치열하다.

그러나 돈 많은 부자들은 이런 고민에서 비교적 자유롭다. 중국에서는 비공식적으로 기부금 입학이 성행하고 있기 때문이다. 법적으로는 여전히 불법이다. 그러나 체육이나 예술 분야 특기생들에게 적용되는 특별 입학 제도가 기부금 입학에 편법으로 활용된다.

중국 교육부는 새로 확정되는 신입생 입학 정원의 약 5% 정도에 특별 입학을 허용하고 있다. 특별 입학 대상이 법적으로 규정돼 있기는 하지만 눈 가리고 아웅하기는 식은 죽 먹기다. 지금도 인터넷에 들어가면 기부금 입학을 알선해주는 브로커들이 버젓이 활개치고 있다.

중국 관영 신화통신은 기자가 직접 인터넷에서 불법 브로커를 찾아 기부금 입학을 타진한 경험담을 전했다. 장쑤성 난징南京에 있는 꽤 유명한 대학의 입학을 브로커에게 요구하자 100만 위안약 1억 7,000만 원이 필요하다는 답이 돌아왔다.

이 브로커는 특별 입학 정원이 계속해서 줄어들고 있어 기부금 액수는 갈수록 올라가고 있다고 전했다. 실제로 부정 입학 문제를 인식한 교육당국이 특별 입학 정원 비중을 전체 신입생 수의 5% 선에서 1% 선으로 줄일 것을 권고했다고 한다. 하지만 대학들은 특별 입학생 수가 줄어든 만큼 기부금을 올렸다. 중국의 대학들은 이처럼 불법적인 기부금을 받아 부족한 재정을 보충한다.

특별 입학 제도는 대학에 학생 선발의 자율권을 높여주면서 동시에 점수가 낮더라도 특정 분야의 재능이 뛰어난 학생에게 기회를 주기 위한 제도다. 중국 사회의 가장 큰 문제 중 하나인 소득과 지역 간 불균형을 조금이라도 시정하기 위한 노력의 일환이기도 하다.

그러나 특별 입학이 부자와 권력자 자녀들의 불법적인 대학 입학 수단으로 악용되면서 비판 여론이 확산되고 있다. 전문가들은 특별 입학 정원을 줄이는 것으로는 부족하고 특별 입학생에 대한 정보를 투명하게 공개하는 후속 절차가 뒤따라야 할 것이라고 지적하고 있다.

대학 졸업장이 취업의 필수 요건이 되면서 중국에서는 '짝퉁' 대학도 생겨났다. 중국의 한 유명 대학 평가사이트인 대학입학넷이 '중국 100대 가짜 대학 리스트'를 발표해 관심을 끌었다. 가짜 대학은 주로 베이징과 상하이 등 대도시에 많은데 베이징에만 무려 73개가 있는 것으로 조사됐다.

이들은 중국의 실제 유명 대학 이름을 살짝 바꿔 사용하고 있다. 베이징경제무역대, 중국경제무역대, 베이징공상대, 중국과학기술관리대, 수도경제관리대 등 이름도 그럴싸하다. 이들 대학은 대부분 자체 홈페이지도 운영한다. 그러나 주소와 전화번호는 대부분 허위다. 전화 신호음이 울리는 곳도 일부 있지만 실제로 전화를 받는 곳은 거의 없다고 한다.

이들 대학은 교육기관 인가를 받은 것으로 위장해 학생을 모집한다. 교과 과정을 이수하면 졸업장도 발급된다. 물론 이들 대학에서 받은 졸업장은 법적으로 인정되지 않는다. 그래도 급할 때 써먹기에는 부족함이 없다. 얼마나 답답하면 이런 짝퉁 대학을 찾을까 싶기도 하지만, 정작 큰 문제는 정상적으로 대학을 졸업해도 취업난이 갈수록 심각해지고 있는 중국의 현실이다.

대졸 취업난에 인민해방군 입대 인기

—   중국 대학은 매년 봄이면 졸업을 앞둔 학생들의 취업 열기로 뜨겁다. 9월 학기제로 운영되는 중국 대학에서는 졸업식이 6월에 열린다. 학생들은 졸업 이전에 취업을 하지 못하면 곧바로 실업자 신세로 전락한다. 더구나 중국 대학생들에게 졸업은 단순히 학교를 떠나는 것만을 의미하지 않는다. 학교 기숙사에서 대부분 생활하기 때문에 졸업과 동시에 후배들에게 방을 비워줘야 한다. 살던 집을 내놔야 하는 절박감까지 그들에게 더해진다.

6~8명이 한 방을 쓰는 기숙사비는 1년에 1,000위안약 17만 원 안팎으

로 저렴하지만 학교 밖으로 나오
면 방 값이 껑충 뛴다. 베이징 같
은 대도시에서는 아무리 싼 곳을
찾아도 한 달에 2,000위안약 34만
원 미만의 방을 구하기 어렵다. 1
년이면 2만 4,000위안약 400만 원
이다. 기숙사 때와 비교하면 주
거비에 20배가 넘는 비용이 들어
가는 셈이다. 그래서 보통은 친구

2015년 9월 제2차 세계대전 승전
70주년 기념일을 맞아 중국 인민해
방군이 베이징 톈안먼 광장에서 열
병식을 겸한 행진을 하고 있다.

2~3명이 짝을 지어 방을 구하지만 취업에 실패한 학생들에겐 참으로
막막한 일이다.

불행히도 중국의 취업 기상도는 매우 흐림이다. 전례 없는 취업난이
대학생들을 괴롭히고 있다. 경제성장률은 갈수록 둔화되는데 대학 졸업
자 수는 오히려 증가한 탓이다. 매년 증가하는 중국 대졸자 수는 현재
700만 명을 훌쩍 넘어섰다.

오죽했으면 시진핑이 몇 해 전 예고 없이 대졸 취업박람회를 찾아 화
제가 되기도 했다. 중국 최고지도자가 취업박람회를 찾은 것은 이때가
처음이었다. 시진핑은 이 자리에서 "취업은 민생의 근본이다. 취업 문제
를 매우 중시하고 있다"며 지도자로서 각오를 드러냈다.

그럴 만도 한 것이 14억 인구를 가진 중국은 실업률을 일정 수준 밑으
로 유지하는 것이 국정의 최대 목표 중 하나다. 중국의 현재 실업률 목

표는 4.5%로 선진국과 비교하면 아주 낮은 수준이다. 현재 중국의 연간 성장률 목표는 6.5%로 낮아졌다. 하지만 그 이전 오랫동안 '바오바保八' 정책으로 연간 성장률 8% 이상을 유지한 이유도 실업률을 안정적으로 관리하기 위한 목적이 가장 컸다. 역사적으로도 중국에서는 먹고사는 데 문제가 생겼을 때 민심을 잃고 정권이 흔들리곤 했다.

최근 취업난의 가장 큰 원인은 역시 경기 부진 때문이라는 데 이견이 없다. 2010년 10.4%를 기록했던 성장률이 2011년 9.3%, 2012년과 2013년 7.7%를 기록한 데 이어 2014년 7.4%, 2015년 6.9%, 2016년 6.7%를 기록하는 등 매년 성장세가 둔화되고 있다. 앞으로도 크게 나아질 가능성은 보이지 않는다. 경제 주체들이 몸을 잔뜩 웅크리고 있다 보니 고용 수요가 줄어들어 취업문이 좁아질 수밖에 없는 것이다.

그러나 중국 내부에서는 젊은이들이 자성해야 한다는 목소리도 커지고 있다. 한국에서와 마찬가지로 젊은이들이 고되고 힘든 일자리를 기피하는 현상이 갈수록 심해지고 있기 때문이다. 상대적으로 발전이 더딘 중서부 지역이나 중소기업에서도 대졸자를 원하고 있지만 학생들은 안정적인 국영기업이나 급여가 많은 대기업을 선호한다.

단번에 좋은 자리를 차지하려는 조급성도 문제다. 한 대기업 인사담당자는 모 신문과 인터뷰에서 "입사하자마자 사장 비서실 근무를 원하는 청년에게 비서실 근무는 업무 경험이 있어야 하니 먼저 일을 배우라고 조언하지만 그러면 학생들은 회사를 외면한다"고 토로했다. 그는 요즘 대학생들이 재능은 떨어지면서 눈만 높아졌다고 꼬집었다.

이런 성향은 이른바 1990년대생을 뜻하는 '주링허우90後 세대'에서 극심하게 나타나고 있다. 이들 세대는 1980년대생인 '바링허우80後 세대'와는 또 다른 특성을 갖고 있다.

두 세대 모두 중국의 한 자녀 정책이 시작된 이후 태어난 세대로, 부모의 사랑을 독차지하며 자란 샤오황디小皇帝라는 점에서는 같다. 그러나 중국의 개혁·개방 성과가 1990년대부터 본격화돼 2000년대 들어 꽃을 피운 탓에 주링허우는 바링허우에 비해 훨씬 유복하게 학창 시절을 보냈다. 그만큼 주링허우는 바링허우보다 자기주장이 강하면서 자존심을 중시하는 경향이 강하다.

바링허우들조차도 주링허우에 대해서는 "참 이해할 수 없는 친구들"이라고 말할 정도다. 한 기업체 인사담당자는 "힘든 일을 싫어하고, 낮은 월급을 참지 못하면서, 불평불만이 많은 것이 주링허우의 특징"이라고 말했다. 급기야 당분간은 주링허우를 채용하지 않겠다는 기업까지 나오고 있는 실정이다.

취업난 속에서 인기를 끌고 있는 분야가 있으니 바로 군이다. 중국에서 인민해방군은 모병제로 운영되고 있는데 처우가 상당히 괜찮은 편이다. 직업군인의 급여 자체는 높은 편이 아니지만 입대만 하면 주거가 해결되는 데다 전역 후 별도 일자리를 군에서 알선하는 등 평생 먹고사는 데 불편 없이 일할 수 있는 곳이 바로 인민해방군이다.

특히 인민해방군 측에서 군의 정예화와 전문성 제고를 위해 대학이나 대학원을 나온 고학력자의 입대를 적극 장려하고 있어 많은 대졸자들이 인민해방군의 문을 두드리고 있다. 상하이와 같은 일부 대도시 지역에서는 최근 5년간 대학생 출신 신병 비율이 지속적으로 증가해 전체 신병의 80%에 달한다는 보도가 나오기도 했다.

커진 빈부 격차,
상속세로 잡는다

—   중국의 한 일간지가 흥미로운 설문 조사 결과를 발표한 적이 있다. 상속세 도입에 대한 찬반을 묻는 질문에 응답자의 절반에 가까운 48.5%가 반대 입장을 분명하게 밝힌 것이다. 상속세에 찬성한 비율은 34%에 지나지 않았다. 나머지는 "잘 모르겠다"는 응답이었다.

만약 우리나라에서 상속세에 관한 찬반을 묻는다면 압도적인 비율로 찬성이 나왔을 것이다. 상속세가 부의 재분배 역할이 크다는 점을 감안하면 평등을 지향하는 사회주의 국가에서 상속세를 반대하는 것을 이해하기 어렵다. 아마도 다른 사람이 어떻게 돈을 벌어, 얼마를 쓰는지에 별로 관심을 두지 않는 중국인 특유의 무관심이 낳은 결과인지 모르겠다.

몇 가지 타당한 이유가 있다는 분석도 있다. 우선 중국에서는 자녀가 부모를 부양하는 것이 노인 복지의 주류를 이루고 있기 때문에 상속세 도입에 대한 자녀들의 반발이 거세다는 것이다. 사유재산권을 인정하는 물권법이 제정되기는 했지만, 아직은 공공재산권이 사유재산권에 우선하기 때문에 상속세 도입의 법적 기반이 취약하다고 한다. 상속세가 도입되면 부자들이 줄줄이 해외로 이민을 떠날지도 모른다는 염려도 있다.

중국에서는 물리적으로도 상속세 도입이 만만치 않다. 국민 개개인의 재산 현황을 제대로 파악할 수 없기 때문이다. 현재 주택의 부동산 등기 시스템은 각 지방 정부별로 따로 운영된다. 자진 신고를 하지 않으면 전국에 분산돼 있는 각 개인별 주택 소유 현황을 속속들이 파악할 재간이 없다. 중국에서 당장 상속세를 도입하는 것이 얼마나 어려운지를 충분히 짐작할 수 있다.

그러나 현실은 상속세 도입을 더 미루기 어려운 방향으로 흘러가고 있다. 빈부 격차가 확대되면서 못 가진 자의 불만이 갈수록 커지고 있는 것이 가장 큰 배경이다. 빈부 격차를 측정하는 가장 대표적 지표인 지니계수는 중국 정부 발표치만 봐도 0.474에 달한다. 통상적으로 지니계수가 0.4를 넘어서면 빈부 격차가 사회 문제로 인식된다. 민간 전문가들의 평가는 이보다 훨씬 심각하다. 지니계수가 이미 폭동 유발 수준인 0.6을 넘어섰다는 것이다.

중국인들의 의식 수준이 많이 높아진 것도 한 가지 요인이다. 과거에는 권력층과 기업가 등 부자들이 특권을 누리는 것을 당연시하는 분위기였으나 시진핑이 집권한 이후 반부패 개혁 드라이브가 걸리면서 인식이 크게 달라졌다. 주택을 수십 채 보유한 부자들이 부동산세를 한 푼도 내지 않고 있는 현재의 불합리를 계속 수용하는 것은 이제 한계에 도달한 느낌이다. 중국 정부는 이미 상하이와 충칭에서 시험적으로 적용하고 있는 부동산세를 다른 지역으로 확대하는 방안을 고심하고 있다.

이미 상속세법 초안도 나와 있다. 당국은 지난 2007년 9월 처음으로 공개한 초안을 2010년 수정해놓고 적절한 시행 시기를 기다리고 있다. 이 수정 초안에 따르면 상속인이 남긴 모든 재산이 징세 대상에 포함된다. 상속세 면세점은 과세액 기준으로 80만 위안약 1억 3,000만 원이다. 세율은 상속액에 따라 달라지는데 80만~200만 위안은 20%, 200만~500만 위안은 30%, 500만~1,000만 위안은 40%, 1,000만 위안 이상은 50%가 적용된다. 각 과표 구간별로 5만 위안, 25만 위안, 75만 위안, 175만 위안의 세액공제가 적용된다. 예컨대 500만 위안약 8억 5,000만 원을 상속받으면 상속세로 84만 위안120×20%+300×30%-5-25, 약 1억 4,000만 원을 내야 한다. 1,000만 위안약 17억 원을 상속받으면 209만 위안약 3억 5,000만 원을, 3,000만 위안약 51억 원을 상속받으면 1,034만 위안약 17억 5,000만 원을 상속세로 납부해야 한다.

결코 만만한 금액이 아니다. 이 방안이 그대로 도입된다면 기득권층의 저항을 불러올 것이 불 보듯 뻔하다. 따라서 앞으로 상속세 논의가 어떻게 전개될 것인지가 중국 세제 개혁의 시금석이 될 가능성이 높다.

전면 부상한
기업 후계자 문제

—

중국에서 잘나가는 민영 대기업이라고 해봐야 역사가 고작 20~30년을 넘지 않는다. 덩샤오핑이 개혁·개방에 착수한 뒤에야 민영기업이 생겨난 탓이다. 그러다 보니 이들 기업에서는 여전히 창업 1세대가 CEO로 활약하고 있다. 그런데 이들의 나이가 60대를 넘어서면서 후계자 문제가 수면에 떠오르고 있다.

후계자는 기업의 미래를 좌우하는 최대 리스크 중 하나다. 과거에 잘나가던 한국 대기업들이 창업 2세대로 넘어오면서 망가진 사례를 우리는 수없이 목격했다. 대다수가 후계자의 능력 부족이 문제였다. 이는 후계자를 핏줄에서 골라야 마음이 놓이는 한국식 봉건 경영의 폐해였다.

중국 대기업들도 고민이 깊어졌다. 정서적으로 보다 가까운 한국식 가족 경영 체제로 가야 할 것인지, 아니면 서구식 전문 경영인 체제로 가야 할 것인지 선택의 기로에 놓여 있다. 그런 점에서 중국 최대 전자업체로 세계 통신장비 시장에서 돌풍을 일으킨 화웨이의 창업자 런정페이任正非가 제시한 모범 답안이 중국 안팎에서 큰 화제를 불러 모으고 있다.

런정페이는 회사 주주 대표회의에서 후계 구도에 대한 자신의 철학을 공개했다. 이 내용은 직원들에게도 이메일로 보내져 세간의 관심을 끌었다. 주식회사 역사가 일천한 중국에서 이런 경영자가 있다는 사실 자체가 놀랍다. 이메일 내용의 핵심을 그대로 옮기면 다음과 같다.

"회사는 내 개인의 것이 아니기 때문에 후계자 역시 내가 아니라 여러분이 결정해야 합니다. 본인은 창업 초기 스스로 능력이 부족하다고 생각했기 때문에 많은 인재를 등용했습니다. 그렇게 하지 않았으면 회사는 일찌감치 역사에서 사라졌을 것입니다. 회사는 그동안 여러 경영진들 덕분에 성공했습니다. 누구한테 모자를 씌워야 할지 몰랐기 때문에 여러분이 대표로 나에게 모자를 씌운 것뿐입니다. 물론 내가 머리에 쓰고 있는 것도 단지 밀짚모자일 따름입니다.

나의 일가친척들 중 4명이 화웨이에서 일하고 있습니다. 수년 전 기차를 타고 작은 현으로 돌아다니면서 배낭에 짊어지고 간 작은 교환기를 보급한 사람이 바로 나의 가족이었습니다. 공장에서 윗옷을 벗고 속옷만 입은 채 제품 상자를 포장하고, 뒷날 항공화물을 운송하다가 허리를 다친 사람도 나의 가족이었습니다. 출산 며칠 전까지 일을 하다가 출산하고 보름 만에 다시 출근한 사람도 역시 나의 가족이었습니다. 그들은 모두 화웨이에서 열심히 일을 했습니다. 그러나 그들은 회사 직원일 뿐 결코 후계자 대열에 들어갈 수 없습니다.

화웨이의 후계자는 깊은 식견과 품격, 의지가 있어야 하기 때문입니다. 후계자는 또한 높은 곳에서 멀리 볼 수 있는 안목도 있어야 합니다. 비즈니스 생태 환경을 좌우할 수 있는 능력도 갖추어야 합니다. 회사의 막대한 업무와 물류, 자금을 꿰뚫어 보고, 관리할 능력도 있어야 합니다. 우리 가족은 이런 능력을 갖추지 못했기 때문에 영원히 후계자가 될 수 없습니다."

능력을 불문하고 가족이 아니면 안 된다고 생각하는 한국의 많은 기업인들에게는 충격적인 발언이 아닐 수 없다. 더구나 런정페이의 딸과 아들이 이미 회사 임원으로 활약하고 있다는 점에서도 가족을 후계자에서 배제하겠다는 그의 결심이 더욱 놀랍다.

엄마 성을 사용하는 런정페이의 딸 멍완저우孟晚舟는 화웨이의 최고재무책임자CFO다. 2011년 화웨이가 처음으로 임원 명단을 공개하면서 알려진 그녀는 회사 실적을 발표하는 자리에서 언론에 처음 모습을 드러냈다. 그녀는 화웨이가 중국 군부와 관련이 있다는 소문에 대해 "아무런 근거가 없는 억지 주장일 뿐이다. 앞으로 기업 투명성을 높일 수 있도록 더 노력하겠다"고 당당하게 밝혀 한때 화웨이의 후계자로 지목되기도 했다. 그녀의 남동생 런핑任平도 화웨이의 자회사인 후이퉁에서 일하고 있다. 후이퉁은 화웨이의 각종 서비스 업무를 대행하는 회사다.

두 자녀가 실제로 CEO 경쟁 대열에서 완전히 탈락한 것인지는 시간이 지나면 확인되겠지만 런정페이의 평소 강직한 성격으로 볼 때 자신의 약속을 뒤엎을 가능성은 낮다는 평가다.

과학기술을 통해
인간의 생활을 바꿔보겠다

중국의 네이버라고 할 수 있는 바이두의 창업자 리엔훙(李彦宏) 회장은 해외 유학파의 대표 주자다. 1969년에 산시성 양취안(陽泉)에서 태어난 그는 어려서부터 공부를 잘해 베이징대 정보관리학과에 들어갔다. 졸업한 뒤에는 중국 내에서 취직이 보장됐음에도 더 큰 꿈을 안고 곧바로 미국 버팔로 뉴욕주립대 컴퓨터공학과 대학원에 들어갔다. 그의 나이 23세 때의 일이다.

여기서 석사 과정을 밟으면서 그는 인터넷 검색 엔진의 미래를 발견했다. 이제 막 인터넷 검색 엔진이라는 개념이 보급되기 시작하던 때였다. 석사 학위 취득과 함께 그는 인터넷의 본고장인 미국 실리콘밸리로 향했다. 이곳에서 그는 인터넷 검색 엔진 산업의 발전을 몸으로 체감했다. 그는 세계적인 인터넷 기업 인포시크의 베테랑 엔지니어로 활약했다. 그가 다우존스 고문으로 있으면서 디자인한 실시간 금융시스템은 지금도 월 스트리트에 있는 대기업들이 광범위하게 활용하고 있다.

리엔훙은 실리콘밸리에서 일했던 경험을 바탕으로 1999년 《실리콘밸리 비즈니스 전쟁》이라는 책을 저술했다. 그는 이 책에 "실리콘밸리에서 일하면서 가장 인상 깊었던 것은 어떤 실패라도 허용하는 문화와 모든 것을 제로베이스에서 시작하는 관행이었다. 실리콘밸리에서 벌어지는 수많은 비즈니스 전쟁을 목격하면서 정보 경제의 발전 속도를 감안할 때 나도 비즈니스 전쟁에 뛰어들지 않으면 안 되겠다는 생각을 했다"고 적었다.

리엔훙은 자신이 책에서 밝힌 대로 그해 말 과학기술을 통해 인간의 생활을 바꿔보겠다는 꿈을 안고 중국으로 돌아왔다. 중국을 떠난 지 8년 만의 귀환이었다.

그는 주저 없이 투자금 120만 달러(약 13억 5,000만 원)를 모아 친구인 쉬융(徐勇)과 함께 바이두를 창업했다. 창업 6개월 만에 그는 중국 실정에 가장 잘 들어맞는 검색 엔진 개발에 성공했다.

바이두라는 이름은 송나라 시인 신치지(辛棄疾)의 시구에서 따왔다. "무리 속에서 그를 수백 수천 번 찾았는데, 무심코 뒤를 돌아보니 등불 아래 그가 있더라"는 시구의 "수백 번(百度, 바이두)"이라는 말에서 따온 것이다. 정확한 정보를 찾기 위해서는 수백 번이라도 검색하겠다는 뜻이다. 필요한 것을 찾는다는 검색 사이트 이미지를 잘 살린 회사명이라는 평가를 받는다.

그가 다른 엔지니어들과 차별화됐던 것은 기술 개발보다 비즈니스 전쟁이 더 중요하다는 사실을 꿰뚫고 있었다는 사실이다. 그는 실리콘밸리에서 활동하던 시절 〈월스트리트저널〉을 손에서 놓지 않았다. 리엔훙은 뒷날 "기술은 결정적 요소가 아니다. 비즈니스 전쟁에서는 전략을 어떻게 구사하는지가 승부를 결정하는 진정한 요소다"라고 말했다.

프로그래머들은 대개 자신이 만든 것이 세상에서 가장 완벽하다는 생각을 갖는 경우가 많지만 그는 많이 달랐다. 그는 항상 자신의 부족함을 인정하면서 아직 배울 것이 많다는 입장이었다. 주변 사람들의 의견도 스펀지처럼 잘 흡수했다. 그가 주재하는 회의는 항상 자유로운 토론 분위기로 진행된다.

다만 천부적으로 내성적인 성격이어서 사람들과의 교제는 다소 서툰 편이다. 그래서일까. 그는 대부분의 시간을 다른 사람들과 대화를 나누기보다는 다른 사람이나 사회적인 현상을 관찰하는 것을 좋아한다. 뛰어난 관찰력이 그의 최대 장점 중 하나다.

그는 동시에 무서울 정도의 워커홀릭이다. 언젠가 바이두의 한 임원은 "나는 보통 새벽 2시에 자서 아침 7시에 일어나는데 새벽 1시 30분에 리엔훙에게 메일을 보내면 아침에 기상했을 때 어김없이 그로부터 답장이 와 있었다. 중국을 대표하는 부자인 그는 비행기든 요트든 마음만 먹으면 얼마든지 살 수 있지만 그런 행동은 하지 않는다. 그는 언제나 소박한 생활을 즐긴다"라고 말했다.

그는 연회에도 잘 참석하지 않고 술과 담배도 멀리한다. 특별한 행사가 없는 한 퇴근하면 바로 집으로 들어가는 바른 생활 사나이다. 그는 가끔 "사는 게 재미없지 않냐"는 질문을 받지만 언제나 "나는 이런 생활이 좋다"고 대꾸한다.

우리의 오해와 그들의 진실

중국인도
개고기를 즐긴다?

—   국내에서 식용 개고기 논란이 벌어질 때
마다 우리나라뿐 아니라 중국도 개고기를 먹는다는 얘기가 나오곤 한
다. 중국을 여행하다 보면 실제로 개고기가 나오는 식당을 만날 수 있다.
그런 경험을 한 여행객들이 중국도 한국처럼 개고기를 먹는다고 말한
다. 그러나 일부는 맞고 일부는 틀린 얘기다. 중국인들 중에 개고기를 먹
는 사람들이 없지는 않지만 지역적으로 상당히 제한된 사람들만 먹기
때문이다. 우리나라처럼 모든 지역에 걸쳐 개고기 애호가들이 있는 것과
는 상당한 거리감이 있다. 예컨대 중국 베이징에서 개고기를 파는 식당
을 찾기는 쉽지 않다. 한국인이 개고기를 먹는다는 것을 알고 있음에도

개고기를 먹으러 가자는 중국인을 만난 적도 없다. 그럼에도 중국 내에서도 개고기 식용 논란이 벌어지는 이유는 지역에 따라서는 개고기 축제를 개최할 정도로 개고기를 좋아하는 곳이 있기 때문이다.

중국에서 개고기를 좋아하기로 유명한 지역은 재중 동포가 많이 몰려 사는 지린성 등 동북지방과 남부의 광시좡족자치구가 대표적이다. 그중에서도 광시좡족자치구가 항상 논란의 중심에 선다. 광시좡족자치구 위린玉林에서 연례적으로 개최하는 개고기 축제 때문이다.

인구 600만 명인 위린에서는 매년 6월에 약 1주일간 '리지 개고기 축제'를 개최한다. 개고기와 함께 쌀로 빚은 전통주를 마시면서 빠지지 않고 먹는 것이 현지 특산 과일 리즈이기 때문에 붙여진 이름이다. 이 축제가 활성화되기 시작한 것은 대략 15년 전으로 축제 기간 동안에만 수십만 마리의 개가 도살돼 각지로 팔려나가는 것으로 알려져 있다. 비단 축제 기간만이 아니라 평소에도 이곳에서 거래되는 개고기 물량은 어마어마하다. 정확한 통계는 없지만 한 민간단체 조사에 따르면 1년간 위린에서 불법 도살돼 식탁에 오른 개의 수량이 600만 마리에 달한다고 한다.

이들 개고기는 대부분 외지에서 조달되고 있다. 위린이 거대 개고기의 집산지이자 시장 역할을 하는 셈이다. 위린에는 200여 개의 개고기 식당이 있다. 이동식 점포까지 포함하면 그 수를 헤아리기 어려울 정도다.

지역 축제로 조용하게 치러지던 축제가 세상의 관심을 한 몸에 받기 시작한 것은 개고기 식용에 반대하는 동물보호단체들이 2012년부터 이 지역 축제에 간섭하면서부터다. 당시 한 동물보호가는 위린의 대표적 개고기 시장인 둥커우시장에서 도살된 개 앞에 무릎을 꿇고 "인류를 대신해 진심으로 사과한다"라며 퍼포먼스를 펼쳐 관심을 끌었다. 이 사건을 계기로 동물보호단체의 간섭이 심해지면서 지역 주민, 상인들과 마찰이 끊임없이 이어지고 있다.

이 지역에서 얼굴이 알려진 동물보호가들은 시내에서 마음대로 돌아다니기도 어려울 정도로 견제를 받고 있다. 그들이 개고기를 파는 상점에 들어가면 시민들에게 둘러싸여 구경거리가 되기 십상이다. 혹시라도 이들이 개를 사 가겠다고 하면 고의적으로 가격을 올리기도 한다. 한 활동가는 택시 기사에게 승차 거부를 당한 적도 있다고 한다.

동물보호단체들이 주로 항의하는 대상은 시 정부다. 동물보호단체들은 위린 정부 공상국과 식약국 등 부처를 끊임없이 찾아가 소란을 피우는 것으로 유명하다. 시 정부 관계자들과 15차례나 면담이 성사된 것도 그 덕분이다. 이들의 목적은 단 하나. 위린에 있는 모든 개고기 도살장과 판매점의 문을 닫는 것이다. 위린을 개고기 없는 고장으로 탈바꿈시키려는 것이다.

재밌는 사실은 동물보호단체 내에서도 개고기 식용 문제를 해결하는 방법에 대해 의견 일치가 이뤄지지 않고 있다는 점이다. 한쪽에서는 식용으로 판매되는 개를 구입해 애완용으로 재판매하는 방법을 주장한다. 이른바 행동파에 속하는 사람들이다. 다른 한쪽에서는 직접 개를 구입하는 방법보다는 홍보를 통한 의식개조 활동을 중시한다. 이들은 시장에서 개를 사들이는 것이 오히려 이 지역에서 개 판매를 계속하도록 조장하는 것이라고 주장한다.

이런 논란에 관계없이 위린을 중심으로 일고 있는 식용 개고기 판매 반대론은 계속 확산될 가능성이 높다. 식용 개고기의 지위가 법적으로 애매한 상태로 유지되고 있기 때문이다. 개고기 유통에 대한 법적 검역 시스템이 제대로 갖춰져 있지 않다는 뜻이다. 개고기에 대한 검역시스템으로는 산지 검역이 유일하다. 도살 검역 규정은 아예 존재하지 않는다.

산지 검역은 해당 지역에서 길러진 개가 다른 지역으로 옮겨갈 때 받아야 하는 검역 증명이다. 위린에는 총 4개의 검역센터가 있다. 불과 몇 년 전 처음으로 생겼다. 그러나 지금까지 이 검역센터를 통해 검역증을 발부받은 사례는 거의 없다고 한다.

중국에서 개고기 시장이 계속 커지고 있는 이유로 조폭을 거론하는 사람들도 있다. 중국 조폭들이 마약처럼 수익성이 뛰어난 수입원으로 개고기를 활용하고 있다는 주장이다. 중간 크기의 개 한 마리를 훔쳐다가 시장에 팔면 대략 1~2만 원의 수익을 올릴 수 있다고 한다. 이 때문에 조폭들이 조직적으로 개 도둑질을 한다고 한다. 조폭과 연계된 개 사냥꾼들은 시골 마을을 돌아다니면서 개를 발견하면 독화살로 즉사시킨 뒤 차량에 옮겨 싣는 방식으로 개를 훔친다. 이렇게 유통된 개고기는 정상적으로 도축된 개고기에 비해 가격이 저렴해 더 잘 팔린다고 한다.

조선족의
슬픈 자화상

―   우리나라와 중국의 관계 발전에 있어서
한국계 중국인 동포, 조선족의 역할을 빼놓을 수 없다.

한국 기업이 성공적으로 중국에 정착하는 데 조선족들은 실무적으로
긴요한 양국 간 연결 고리였다. 두 나라 언어와 문화에 모두 익숙한 그
들은 한국 기업이 중국에 진출할 때 첨병 역할을 훌륭히 해냈다. 중국을
처음 방문하는 한국인들에게 낯선 중국을 소개하는 가이드도 조선족들
이 도맡았다. 한국위이 많은 베이징과 상하이 등 대도시에서 중국말에
서툰 한국인들의 정착을 돕는 것도 대부분 조선족 몫이다. 만약 조선족
이라는 존재가 중국에 없었다면 중국에 정착한 한국인들이 겪었을 시행
착오는 말로 다하기 어려울 정도였을 것이다.

이런 조선족들의 고향인 지린성 옌볜延邊조선족자치주가 2017년으로
설립 65주년을 맞았다. 자치주에서는 다채로운 행사를 열어 65주년을
경축하고 있지만, 정작 많은 조선족이 엄청난 위기의식을 느끼고 있다.

우선 옌볜조선족자치주에서 조선족은 더 이상 다수가 아니다. 중국
경제성장과 함께 자치주 경제도 비약적으로 발전했지만 전체 인구에
서 조선족이 차지하는 비중은 36% 수준으로 떨어졌다. 자치주 설립 초
기 70%를 넘어섰던 비중을 생각하면 자치주 지위 상실이 우려되고 있
을 정도다. 소수민족 비율이 30%를 밑돌 경우 자치주 지정을 해제할 수
있는 요건이 된다. 조선족 전체 인구도 감소세에 접어든 지 오래다. 한때

엔벤조선족자치주 투먼의 상가 밀집 지역 모습.

중국 전역에 200만 명에 달한 것으로 집계됐지만, 지금은 180만 명이 채 안 되는 것으로 추정된다.

지린성과 헤이룽장성, 랴오닝성 등 조선족 인구가 많은 동북 3성의 경우 조선족 마을이 급속하게 붕괴되고 있다. 일자리를 찾아 한국으로 이주한 조선족 2~3세가 줄잡아 70만 명을 넘어선 것으로 추산되는 가운데 이농 현상이 심화되면서 중국 내 대도시로 빠져나간 인원도 50만 명에 달해 조선족 마을에서는 빈집이 속출하고 있다. 한국 이외에 다른 외국으로 이주한 조선족도 15만 명을 넘어설 것이라는 추산이다. 조선족 마을은 그야말로 붕괴 과정을 밟고 있는 셈이다.

민족적 정체성을 지켜온 조선족 학교도 위기다. 최근 들어 중국어 교육을 강화하면서 한족 학교로 향하는 조선족 학생이 다소 줄었다고 하지만 여전히 고등학생의 경우 절반 가까이가 한족 학교 문을 두드리고 있다. 조선족 학교는 매년 학생 수가 급격히 줄고 있다.

조선족 농촌 공동체가 겪고 있는 공동화 현상은 더 이상 조선족 마을을 유지하기 어려울 정도로 심각하다. 조선족 마을에는 일할 여력이 안 되는 노인들만 남아 있다 보니 농사도 이제 조선족이 아니라 한족이 짓는 곳이 급속히 늘고 있다. 그야말로 조선족 없는 조선족 마을이 곳곳에 형성되고 있는 셈이다.

양국 언어에 능통한 조선족의 장점도 시간이 갈수록 빛이 바래고 있다. 한국으로 유학 오는 중국인들이 급증하면서 중국 내 대도시에서 조선족이 아님에도 한국어에 능통한 중국인을 만나기가 어렵지 않다. 그러다 보니 중국에 진출한 한국 기업의 조선족 일자리를 이제는 한족들이 급속히 대체하고 있다. 한 대기업 중국 법인 인사담당자는 "같은 조건이면 중국 현지 인적 네트워크가 좋은 한족을 선호하는 부서가 많아졌다"고 말했다. 조선족이라는 이유만으로 중국에 진출한 한국 기업에 쉽게 취업할 수 있었던 과거와는 분위기가 완전히 달라졌다.

그럼에도 한국과 중국의 매개자로서 조선족의 역할은 결코 줄어들어서는 안 된다. 미래 '통일 한국'의 큰 그림을 생각해보면 그들의 역할은 지금보다 더 중요해져야 마땅하다. 동시에 중국인으로서 중국에서 차지하는 그들의 정치적, 경제적 영향력도 지금보다 훨씬 더 커져야 한다. 위기를 오히려 기회로 활용할 줄 아는 한민족의 특성이 그들에게서 발휘되기를 기대해볼 수밖에 없을 것 같다.

한국 유학생의
그림자

—   딸을 베이징으로 유학 보낸 한 지인이 전화로 고민을 토로한 적이 있다. 중국 현지 학교를 잘 다니는 것으로 알았던 아이가 갑자기 전학을 시켜달라고 요구했다고 한다. 처음엔 당황했지만 아이의 말을 듣고는 서둘러 학교를 옮겨야겠다고 생각하고 이곳 사정을 물어온 것이다.

그가 전해 들은 아이 학교의 실상은 처음 기대했던 것과는 많이 달랐다. 아이가 다니는 곳은 중국계 고등학교가 운영하는 국제부다. 외국인을 대상으로 중국어와 영어로 수업을 하는 곳이다. 여기서 6개월에서 1년 정도 수업을 들으면 대개 중국 학생들과 똑같은 반으로 자리를 옮긴다. 이후 중국 내 명문 대학으로 진학하는 것이 국제부를 찾는 학생과 부모들의 기본적인 목표다.

그런데 국제부 학생들의 구성에서부터 문제가 시작된다. 말이 국제부이지 학생들 대부분이 한국인이다. 어떤 곳은 전원이 한국 학생인 곳도 있다. 국제부가 아니라 한국부라는 말이 더 어울릴 정도다. 중국어로 수업이 진행되지만 분위기는 한국 학교와 큰 차이가 없다. 극단적으로 보면 한국에서 중국어 수업을 받는 것과 다름없다. 학생들 대부분이 기숙사에서 생활하는 것도 분위기를 지배한다. 방과 후 생활이 지극히 자율적일 수밖에 없다. 한국 학생을 담당하는 매니저가 따로 있다고 하지만 생활은 오로지 학생 스스로의 책임이다.

지인의 아이가 학교를 떠나려고 마음먹은 이유도 바로 그 '자율' 때문이었다. 남녀 선후배들이 스스럼없이 술과 담배를 즐기면서 자신에게도 권하는 모습에 아이가 충격을 받은 것이다. 당연히 일부 학생들의 모습이겠지만 자율의 한계를 손쉽게 넘나드는 분위기를 감내하기 어려웠다고 한다.

중국의 국제적 위상이 높아지면서 동시에 중국으로의 조기 유학이 덩달아 급증하고 있다. 그러나 어린 나이에 부모를 떠난 '나 홀로 유학생'들이 학교생활에만 전념하기에는 주변의 유혹이 너무 많다. 감수성이 예민한 시기에 주변의 따뜻한 사랑을 받지 못한 채 혼자 끙끙 앓다가 극단의 선택을 하는 학생들도 있다. 베이징의 한인 거주지 왕징에서는 유학생의 안타까운 자살 소식을 심심치 않게 접할 수 있다.

경제적 여유가 되는 사람들 중에는 아이를 국제학교에 입학시키는 경우도 있지만 학비가 굉장히 비싸다. 수업료만 연간 4,000~5,000만 원을 훌쩍 넘는 경우가 허다하다. 중국의 국제학교는 전 세계적으로도 가장 비싼 것으로 유명하다. 여기에 생활비를 포함하면 중고교 과정에서만 연간 7,000~8,000만 원의 비용을 감내해야 한다. 그렇다고 베이징 국제학교의 수준이 모두 훌륭한 것은 아니다. 일부 명문 국제학교를 제외하고는 미국이나 유럽 등 선진국 학교들과는 비교조차 하기 어려울 정도로 학업 환경이 엉망인 곳도 적지 않다. 명문 국제학교는 자체 입학 심사가 꽤나 엄격하게 이뤄지기 때문에 한국에서 바로 건너가 입학하기 쉽지 않다.

유학생들의 경제적 고충도 날로 커지고 있다. 집세를 포함한 물가가 지속적으로 급등하면서 같은 돈을 송금받아도 점점 더 내핍한 생활을 해야 한다. 어렵게 대학에 들어가도 언어 문제로 정식 졸업장을 따기란 쉽지 않은 일이다. 천신만고 끝에 졸업을 해도 그들을 기다리고 있는 것은 극심한 취업난일 뿐이다. 더구나 중국인 졸업자들에 비해 차별을 받아야 한다. 중국은 외국 유학생에게 졸업과 동시에 취업비자를 내주지 않는다. 취업비자를 내주기 전에 2년간의 실무 경력을 요구한다. 그러다 보니 현지 유학한 한국인 졸업생들이 졸업과 동시에 정식 취업을 하지 못하고 편법으로 취업하거나 아니면 한국으로 돌아와 2년간 경력을 쌓은 뒤 다시 중국으로 건너가곤 한다.

중국 내 한국 유학생은 6만 명을 넘어선 채 유지되고 있다. 베이징에서만 2만 5,000명이 미래를 꿈꾸며 짙은 스모그를 견뎌내고 있다. 이들 중에는 이른바 도피성 유학을 떠난 학생들도 적지 않다. 그럴수록 유학을 통한 성공 가능성은 떨어지는 것이 일반적이다. 어른들이 우리 아이들을 험지에 방치하고 있는 것은 아닌지 돌이켜볼 필요도 있어 보인다.

물론 성공 사례도 얼마든지 많다. 현재 중국 최대 로펌에서 활발하게 활동하고 있는 중국 유학생 출신의 한 한국인 변호사는 스스로 자신의 길을 개척했다. 그는 중국에서 대학을 졸업한 뒤 미국으로 건너가 국제 변호사 자격증을 일찌감치 획득했다. 덕분에 중국 로펌에 일자리를 잡을 수 있었다. 중국어와 영어가 모두 가능하고 중국 현지 사정을 누구보다 잘 아는 이 변호사는 중국에서 비즈니스를 하는 한국 기업들이 가장 먼저 찾는 변호사가 됐다. 중국에서 유학하고, 중국어를 할 줄 안다는 사실만으로는 자신을 차별화할 수 없다는 점을 인식하고 이제는 보다 전략적인 중국 유학의 길을 찾아야 할 때가 된 것 같다.

글로벌 기업의
무덤이 된 중국
—

얼마 전까지 한국에서 '글로벌 스탠더드'라는 말이 널리 유행한 적이 있다. 글로벌 스탠더드라는 말을 꺼내는 것이 '전가의 보도'로 통할 정도였다. 중국으로 살짝 건너오기만 해도 그 말이 얼마나 엉터리인지 쉽게 확인할 수 있는데도 말이다. 그렇다고 '차이나 스탠더드'가 글로벌 스탠더드를 대체할 수 있다는 말에도 동의할 수 없다. 각 나라마다 특유의 역사적 경험과 문화, 사고, 생활 방식이 있는 것이지 모든 문화권을 관통하는 '스탠더드'가 있다고 보는 것은 억지다.

세계적으로 인정받은 브랜드가 중국에서는 기를 펴지 못했다면 글로벌 스탠더드를 과신했기 때문인 경우가 많다. 중국에서 아이스티 판매를 전격 중단한 네슬레가 대표적인 사례다. 네슬레는 전 세계인의 입맛을 사로잡은 아이스티가 음료의 글로벌 스탠더드일 것으로 확신했다. 그러니 중국에서도 통할 것으로 생각한 것이다. 그러나 기대와 달리 중국인들은 네슬레의 아이스티를 거부하고, 토종 브랜드의 아이스티 즉

차이나 스탠더드를 선택했다.

네슬레는 중국에 진출한 외국 기업 중 대표적인 성공 기업으로 꼽힌다는 점에서 충격은 더욱 컸다. 네슬레는 M&A인수합병를 통한 현지화 전략의 모범 기업으로 평가돼왔다. M&A를 통해 중국 내 유통망을 확보하는 전략은 중국 시장 진출의 교본으로 꼽힌다. 네슬레는 제품의 디자인이나 신제품 개발, 브랜드 이미지 광고를 중국인들에게 맡기는 것으로도 유명하다.

네슬레가 2001년 중국에서 '빙쌍차水爽茶, 얼음처럼 시원한 차라는 뜻'라는 이름의 아이스티를 출시했을 당시는 이미 캉스푸나 퉁이, 와하하 등 중국 토종 브랜드 음료가 차 음료수 시장을 장악하고 있던 때였다. 네슬레는 이들과 정면 승부하는 것은 위험하다고 보고 마케팅 타깃을 20대 화이트칼라로 잡았다. 그에 걸맞은 파격적 광고도 제작했다. 파란 눈의 늘씬한 여성 모델이 빙산을 뚫고 나오는 광고는 오래도록 기억되고 있다.

네슬레의 이런 마케팅 전략은 사실 코카콜라의 실패 사례에서 배운 것이었다. 코카콜라는 1998년 중국에서 첫 비탄산 음료 '톈위디'를 내놨으나 2년 만에 판매를 접었다. 타깃 소비자층을 제대로 설정하지 못한 탓이었다. 이어서 내놓은 일본식 꿀차 음료인 '란펑'은 첫 실패를 거울삼아 전문직 여성을 타깃으로 했으나 가격이 타 브랜드에 비해 싱대직으로 비싼 탓에 또 다시 실패를 맛봐야 했다.

네슬레는 코카콜라의 경험을 살려 젊은이들을 타깃으로 하는 마케팅 전략을 짰지만, 시장점유율이 2008년 2.3%까지 올라간 것이 최고였다.

이후 하락세를 타기 시작하더니 곧 판매와 마케팅 비용을 감당하기 어려울 정도로 판매량이 줄었다.

네슬레의 실패 원인에 대해 중국 내 전문가들은 몇 가지 요인을 꼽는다. 우선 제품 포지셔닝 전략이 잘못됐다는 평가다. 출시와 동시에 곧바로 캉스푸, 퉁이 등 중국 토종 브랜드 선두 업체들을 따라잡겠다고 나선 것이 패착이었다. 그러다 보니 토종 브랜드와 동질화 현상이 벌어졌다. 네슬레 아이스티로서의 정체성을 잃다 보니 토종 브랜드와 차별성을 갖는 데 실패했다. 소비자들이 굳이 토종 브랜드를 제쳐두고 네슬레를 집어 들 이유가 없었던 것이다. 다양한 파생 음료를 보유하고 있는 토종 브랜드와 달리 네슬레는 단일 제품으로 승부해야 한다는 한계도 컸다.

네슬레 아이스티처럼 중국 시장에서 실패의 쓴맛을 본 글로벌 브랜드는 셀 수 없이 많다. 미국 구글은 중국 내 검색 엔진 점유율에서 고작 2%를 넘지 못하고 2010년 중국 본토에서 철수해 본부를 홍콩으로 옮겼다. 야후도 중국 내 서비스를 중단했다.

유통업체들은 상황이 더욱 심각하다. 유럽 최대 건자재업체인 프랑스 생-고뱅은 2005년 중국에 첫 점포를 열었으나 적자를 면치 못하다가 7개 점포 전부 문을 닫았다. 고급 인테리어 시장을 겨냥했으나 중국 부자들의 시선을 사로잡지 못한 탓이다.

세계적 유통업체 영국 테스코는 중국 유통업체인 화룬(華潤)창업과 합작으로 전환하면서 중국 시장에서 사실상 손을 뗐다. 미국 주택용품업체인 홈디포는 중국에 7개 대형 매장을 열었다가 문을 닫았다. 세계적

물류업체인 독일 DHL이 중국 진출 25년 만인 2011년 철수한 것도 유명한 일화다. 프랑스 식품업체 다농도는 2008년 요구르트 시장점유율을 11%까지 끌어올렸으나 결국 1% 미만으로 떨어지면서 2011년 상하이 요구르트 공장 가동을 중단했다.

중국 내부에서는 이런 현상을 '수토불복水土不服'이라는 말로 설명한다. 수토불복은 어떤 지역에 처음 간 경우 자연 환경과 생활 습관 변화에 적응하지 못해 나타나는 각종 병적 증상을 말한다. 중국에 진출하는 기업들은 풍토병을 이겨낼 전략을 세워야 한다.

인민해방군 출신답게
마오쩌둥 전술을 경영에 접목하다

런정페이(任正非) 화웨이 회장은 입지전적인 인물이다. 그는 중국 인민해방군 통신장교로 근무하다가 전역해 43세 때 통신장비 수입상을 차렸다. 이것이 하웨이의 출발이다. 그가 비교적 늦은 나이에 창업했음에도 중국 1위 민영기업을 일굴 수 있었던 것은 어려서부터 몸으로 체득한 '헝그리 정신'에서 나온 힘 덕분이다.

그는 중국에서도 시골에 속하는 서부 내륙 구이저우성(貴州省) 안순(安順)에서 7남매의 장남으로 태어났다. 아버지는 소수민족 거주지에서 중학교 교장을 했고 어머니는 같은 학교에서 교사를 했지만 생활 형편은 넉넉하지 못했다. '생활이 곧 전투'라는 그의 신조는 유복하지만 넉넉하지 않았던 가정의 맏아들로 지내면서 자연스레 생겨났다.

중학교 교사인 부모 덕분에 공부를 곧잘 했던 그는 현 충칭대의 전신인 충칭토목공학대에 입학했다. 학창 시절 그는 당시로서는 첨단인 전자계산기를 비롯한 디지털 기술은 물론 철학 등 인문학까지 닥치는 대로 섭렵했다. 중국어와 영어 등 3개 국어를 독학으로 마스터한 것도 이때다.

그는 대학을 졸업한 뒤 곧바로 인민해방군에 입대해 군사기술연구원으로 배치됐다. 전공을 살려 통신 분야 기술장교로 복무하면서 그의 진가가 발휘됐다. 전군기술성과대회에서 1등상을 받아 인민해방군 대표로 전국과학대회에 참가할 정도로 군 내에서 높은 기술력을 인정받았다. 그럼에도 부친의 경력 때문에 상당 기간 중국공산당 입당이 거부됐다. 일본군 강점기에 그의 부친이 광둥성 광저우에서 국민당의 군수공장 경리로 일한 전력이 문제가 된 것이다.

결국 그는 전역을 얼마 남기지 않은 1978년에야 중국공산당에 입당할 수 있었다. 그로부터 4년 뒤 인민해방군의 대규모 감군 계획에 따라 다른 군인 50만 명과 함께 전역한 것이 그에게는 오히려 새로운 기회가 됐다.

런정페이는 아버지가 일했던 광둥성으로 건너가 당시 선전에 있는 전자업체에 취직했다. 몇 년간 일하면서 통신 사업에 눈을 뜬 그는 1988년 자본금 2만 1,000위안(약 350만 원)으로 화웨이를 창업했다. 주로 키폰 전화기 등 통신기기 수입 판매업을 하다가 1993년에 프로그램 제어 전자교환기 개발에 성공한 것을 발판으로 본격적인 통신장비 제조업에 뛰어들었다. 주변 사람들이 사업으로 벌어들인 돈을 부동산과 주식 등에 투자해 돈벌이에 집착할 때 그는 오직 기술개발에 전념했다. 이때부터 이미 매출의 10% 이상을 연구개발(R&D)에 투입했다고 한다.

그는 인민해방군 출신답게 마오쩌둥 전술을 경영에 접목했다. 농촌에서 혁명을 일으킨 뒤 도시로 포위해 들어간 마오쩌둥처럼 그는 대형 경쟁 업체들이 장악한 대도시 대신 농촌 지역부터 파고드는 전략을 구사했다. 첨단이지만 저렴한 제품을 농촌에 먼저 공급한 뒤 대도시로 서서히 잠식해 들어갔다. 해외에 진출할 때도 이와 유사한 전략을 폈다. 지리적으로 인접한 홍콩에 먼저 진출해 성공을 거둔 다음 러시아와 남미 등 기술 수준이 낮은 신흥 시장을 공략했다. 이어 화교가 많은 싱가포르, 태국, 말레이시아에서의 성공을 발판으로 정보기술과 통신장비의 본고장인 유럽과 북미 지역으로 진출했다. 주도면밀한 그의 경영 전략은 직원들에게 강조하는 '늑대론'에서도 그대로 드러난다. 그는 "세계적인 통신장비업체가 되려면 임직원들 모두가 늑대가 돼야 한다. 후각이 예민한 늑대처럼 제품 개발과 시장 개척도 예민한 감각으로 해야 한다. 또한 절대 굴복하지 않는 늑대처럼 과감한 공격 정신을 가져야 하며 무리를 지어 다니는 늑대처럼 임직원들이 서로 단결해야 한다"고 주장한다.

화웨이는 비상장 회사이다 보니 지분 구조가 명확하게 공개돼 있지 않다. 런정페이 회장의 지분이 1.42%이며, 나머지는 대부분 임직원들이 소유한 것으로 알려져 있지만 정확하지 않다. 실질적으로는 중국공산당 권력층들이 지분을 나눠 소유하고 있다는 소문이 끊임없이 나돌고 있는 이유다. 화웨이가 이사회 명단을 공개하기도 했지만 소문의 확산을 완전히 차단하지는 못했다.

그의 은밀한 행보도 여전히 구설수에 자주 오른다. 중국의 국회 격이라고 할 수 있는 전인대 대표를 맡고 있는 그는 언론과 접촉하지 않는 것으로 유명하다.

제3부

부정부패와 권력투쟁

시진핑, 부정부패와의 전쟁 선포

부정부패의 전형, 환락 도시 둥관

중국에서 향락 산업이 가장 발달한 곳은 어딜까? 전통적으로 중국의 향락 산업을 이끌던 곳은 개혁·개방 1번지로 불리는 광둥성 선전이었다. 다른 지역과는 차별화된 자유를 부여받은 선전은 중국의 성장을 상징하는 도시이면서 동시에 대형 룸살롱과 매춘업이 발달한 향락 도시였다.

선전이 외부 사람들에게 유명하다면 중국인들이 최고로 꼽는 향락 도시는 광둥성 둥관東莞이다. 둥관은 광둥성 광저우와 선전 그리고 홍콩의 중간에 위치한 지리적 이점을 최대한 활용해 중국 제조 공장의 본산으로 이름을 날렸다. 중국 본토 기업은 물론 홍콩과 대만 기업들의 위탁

가공소 역할이었다. PC를 비롯한 전자제품과 일용 잡화, 완구, 의료기기, 중공업 등 둥관에서 만들지 못하는 것이 없을 정도였다. 특히 PC 부품은 전 세계의 공급 거점으로서 중요한 지위를 차지했다.

하지만 이 모든 것은 낮에 해당되는 얘기였다. 밤이 되면 둥관은 전혀 다른 모습으로 변신했다. 중국의 '섹스 수도'라는 별칭에 걸맞게 시내 곳곳에서 자유로운 성매매가 이뤄졌다. 가라오케와 호텔, 사우나, 마사지 업소 등 다양한 곳에서 성매매 서비스가 성행했다. 관영 CCTV 기자가 손님으로 가장해 잠입 취재하여 보도한 둥관 내 성매매업소 실태는 가히 충격적이었다. 한 5성급 호텔의 경우 방으로 들어가 커튼을 젖히자 특수 거울이 나왔다. 손님은 투명 거울 안의 여성을 볼 수 있지만 거울 너머 여성들은 밖을 볼 수 없도록 고안된 특수 거울이었다. 거울 속에서는 옷을 거의 걸치지 않은 여성 2명이 신나는 음악에 맞춰 춤을 추고 있다. 종업원은 "800위안^{약 14만 원}에 여자 2명과 동시에 즐길 수 있다"며 성매매를 권유했다.

중국에서는 KTV라고 불리는 룸살롱에서도 유사한 영업이 성행이었다. 한 대형 룸살롱 내부에는 마치 패션쇼장처럼 기다란 무대가 설치돼 있다. 노출이 심한 옷을 입은 여성들이 옷에 번호를 달고 이곳을 걷는다. 그러면 손님들은 마음에 드는 여성의 번호를 기억했다가 종업원에게 전달한다. 만남은 룸에서 따로 이뤄진다.

고급 호텔들은 보다 비밀스러운 서비스를 제공하기도 했다. 지하 주차장에서 엘리베이터를 타고 '로열 클럽'이라는 이름의 사우나로 올라간다. 이곳에서는 오로지 성적인 서비스만 제공된다. 상대적으로 가격이 비싸기 때문에 부유층이나 고위직들이 주로 이용하는 것으로 알려져 있다.

둥관 이야기를 장황하게 푼 이유는 중국 내부에 만연한 고위직들의 부정 축재를 언급하기 위해서다. 둥관이 중국 최고의 환락 도시로 성장하기까지 고위직의 비호 없이 가능했을까 하는 일반적 의심이 2016년 중국 사정 당국에 의해 확인됐다. 2016년 초 중국 최대 명절인 춘제를 코앞에 두고 지방 정부의 한 거물이 낙마하는 일이 벌어졌다. 주인공은 류즈겅劉志庚 광둥성 부성장이었다.

그는 광둥성 부성장을 맡기 전 둥관에서 오랫동안 고위직을 역임했다. 2004년 둥관 부서기로 시작해 곧바로 둥관 시장에 오른 뒤 2006년에는 둥관 최고위직인 당서기를 맡았으며 이후 2011년 광둥성 부성장으로 영전하기까지 무려 8년간 둥관 행정을 총괄했다.

그는 부성장에서 낙마한 직후 중국 정부의 최고 사정기관인 당 중앙 기율검사위원회로부터 쌍개雙開 처분을 받음과 동시에 기소됐다. 쌍개는 중국공산당이 고위 당원에게 내리는 처벌 중 하나로 공직과 당적을 동시에 박탈하는 조치다. 한마디로 공직에서 쫓겨남과 동시에 당원 자격까지 뺏기는 것으로 재판을 통해 냉엄한 심판을 받기 전 취해지는 조치다.

그는 둥관의 향락 산업에 대한 보호막 역할을 하면서 막대한 금액의 뇌물을 챙겨 재산을 축적한 것으로 알려졌다. 그의 자산은 무려 900억 위안약 15조 2,000억 원을 넘어서는 것으로 추정됐다. 세부적으로 보면 베이징과 상하이 등에 소유한 그의 자택에서 찾아낸 국내외 채권 금액만 510억 위안약 8조 6,000억 원에 달했다. 그가 보유한 300여 곳의 부동산만 해도 17억 위안약 2,800억 원이었다. 당국은 이 밖에도 10억 위안약 1,700억 원 상당의 골동품과 서화, 60여 대 승용차, 달러를 포함한 거액의 돈다발 등을 압수했다.

그의 불법 축재는 그 대상을 가리지 않았다. 향락 산업 보호 명목은 물론이고 토지 용도 변경 등의 문제에도 개입해 돈을 챙겼다. 친구와 친인척들이 이권을 챙길 수 있도록 자신의 직무상 영향력을 행사하는 것도 아끼지 않았다. 또한 풍수와 미신 등에 빠져 업무를 등한시한 것으로 드러났다.

류즈경 사례는 그 금액이 천문학적이라는 점에서 더욱 부각되었을 뿐 사실 중국 내부에서 고위직 혹은 공무원의 부정 축재는 일상화된 얘기다. 1980년대 이후 고도성장기를 구가해온 중국에서 개발이란 곧 돈과 직결되는 사안이었다. 산업이 발전하면서 논밭으로 사용되던 땅이 산업단지나 현대적인 형태의 주거 지역으로 변모하면서 막대한 개발 자금이 모여들었고, 이 과정에서 이권을 챙긴 사업자들이 해당 지역의 규제를 담당하는 공무원들과 이익을 나눠온 것이 뿌리 깊은 부정부패의 원인이 되었다. 더구나 중국은 모든 거래에서 거간꾼에게 이익을 나눠주는 것이 관행화돼 있다. 우리나라에서는 브로커하면 왠지 사기꾼과 비슷한 의미로 사용되지만, 중국에서는 브로커의 역할을 인정하는 분위기가 강하다.

예컨대 A라는 사람이 대형 아파트 단지를 개발하려는 사업자에게 토지 인허가를 받는 데 편의를 봐줄 담당 공무원을 소개해줬다면 한국에서는 감사 인사로 식사를 대접하거나 선물을 하는 것으로 충분하겠지만 중국에서는 반드시 사업자가 본 이득의 일정 비율을 소개비 즉 커미션으로 A에게 제공하는 것이 일반화돼 있다. 당연히 이득을 보게 해준 담당 공무원에게도 막대한 사례비가 건너감은 물론이다. 이런 일련의 과정이 연속적으로 일어나면서 불법적인 자금이 오가는데, 이것이 중국식 부정부패의 최대 연결 고리다.

류즈징이 뇌물을 받은 것도 바로 이런 식의 부정부패 연결 고리가 작용한 것으로 봐야 한다. 류즈징이 둥관의 모든 향락 사업자들을 개인적으로 알았던 것이 아니라 그 중간에 다수의 브로커들이 개입해 사업자가 본 이득의 일부를 류즈징에게 바치고, 일부는 자신이 착복하는 식의 관행적 부정부패가 수년간 지속됐던 것이다. 부정 축재 규모가 적당했더라면 류즈징 자신도 다른 많은 부정부패 공직자들처럼 조용히 살 수 있었겠지만 축재의 범위가 워낙 넓고, 금액도 상상을 초월했기 때문에 결국 사정기관의 칼을 맞았을 것이라는 추정이 가능하다.

국가 최고지도자까지
전염된 부정부패

— 중국에서 부정 축재는 지방 고위직에만
해당되는 일은 아니다. 시진핑을 비롯한 국가 지도자급 인사들에 대해
서도 부정 축재 의혹은 심심치 않게 제기된다. 그도 그럴 만한 것이 중국
에서 국가 지도자는 중앙에서만 경력 관리가 이뤄지는 것이 아니다. 모
든 국가 지도자급 인사들이 주로 지방에서 경력 관리가 이뤄진다. 예컨
대 시진핑만 해도 공직 생활 대부분을 지방에서 보냈다. 그는 1969년
산시성 옌촨현延川縣에서 당지부 서기를 시작한 이래 허베이성河北省, 푸
젠성, 저장성浙江省, 상하이 등을 거쳐 2007년에야 당 상무위원으로 화
려하게 중앙 정치 무대에 진출했다. 그러다 보니 중국의 국가 지도자급
인사들도 지방에서 횡행하는 고질적인 부정부패의 관행에서 완전히 벗
어나기 어려운 것이 현실이다.

다국적 언론인 연합체 ICIJ국제탐사보도언론인협회는 2014년 초 중국 지도
자급 인사들의 대규모 부정부패 행위를 고발했다. 이 협회는 앞서 필리
핀 독재자 마르코스의 딸인 마리아 이멜다 마르코스, 프랑수아 올랑드
전 프랑스 대통령의 대선 재정 공동책임자였던 장 자크 아우기어 그리
고 전두환 전 대통령의 아들 전재국의 부정부패를 폭로했던 곳이다. 이
협회가 부정부패 당사자로 지목한 중국 지도층 인사들에는 시진핑을 비
롯해 후진타오, 원자바오, 리펑李鵬 전 총리 등이 포함됐다. 이들 고위 지
도자들의 친인척이 조세피난처인 영국령 버진아일랜드에 법인을 설립

해 임원이나 주주로 참여했다는 것이다. 그중에는 사업상 편의 혹은 공식적인 절세를 위해 페이퍼컴퍼니를 이용한 경우도 있었겠지만 대부분은 이유가 석연치 않다.

ICIJ가 폭로한 내용을 간단히 살펴보면 이렇다. 시진핑의 경우 매형인 덩자구이鄧家貴가 버진아일랜드에 등록된 부동산 개발 회사 엑설런스 에포트EEPD 지분 50%를 소유했다. 원자바오의 아들인 원윈쑹溫雲松은 아버지가 총리로 재직하던 시절 버진아일랜드 소재 트렌드 골드 컨설팅의 단독 주주였다. 원자바오의 외동딸인 원루춘溫如春은 JP모건체이스에 대한 자문료 명목으로 180만 달러약 20억 원를 받는 등 석연치 않은 거래를 했다. 원자바오의 사위인 류춘항劉春航은 장인이 총리로 재직하던 2004년 버진아일랜드에 유령 회사 풀마크 컨설턴트를 설립했다. 그는 2006년 중국 은행감독관리위원회 고위직으로 자리를 옮기기 전까지 이 회사의 단일 대표이사 주주로 이름을 올렸다.

앞서 2012년 〈뉴욕타임즈〉는 원자바오 일가가 총리 재임 기간 동안 27억 달러약 3조 240억 원에 이르는 재산을 축적했다고 보도해 파장을 일으켰다. 당시 원자바오 측은 당 지도부에 서한을 보내 "재산을 공개적으로 조사한 뒤 그 결과를 발표해달라"며 부정 축재 사실을 전면 부인했다. 해당 기사 작성에 참여한 〈뉴욕타임즈〉 베이징 특파원은 이후 중국 당국의 체류 기간 연장 심사에서 떨어져 중국 입국이 불허되기도 했다. 리펑의 딸인 리샤오린李小琳 중국전력국제유한공사 회장과 덩샤오핑의 사위 우젠창吳建常도 조세피난처에 유령 회사를 세운 것으로 확인됐다.

ICIJ는 중국 국가 지도자급 인사의 친인척들이 조세피난처에 세운 유령 회사를 통해 2000년부터 빼돌린 자산이 최대 4조 달러약 4,480조 원에 이를 것으로 추정했다.

중국을 대표하는 유명 기업인들도 16명이나 걸려들었다. 중국의 대표적 인터넷 기업가인 마화텅馬化騰 텐센트騰訊 텅쉰 회장을 비롯해 8조 8,000억 원의 재산을 보유해 최고 여성 갑부로 통하는 양후이옌楊惠妍, 부동산 개발 회사 소호차이나를 설립한 장신張欣 회장 등이 포함됐다. 리진위안李金元 티엔스天獅그룹 회장이 버진아일랜드에 설립한 법인은 무려 7개에 달했다. 부정부패 혐의로 14년형을 선고받고 복역 중인 황광위黃光裕 전 궈메이國美그룹 회장도 있다. ICIJ에 의해 확인된 16명 기업인의 총 재산은 무려 450억 달러약 50조 원에 달한다.

ICIJ의 폭로가 알려진 직후 관련 인터넷 사이트는 중국 내에서 곧바로 접속이 차단됐다. 관련 보도를 담은 영국 〈가디언〉이나 한국 뉴스타파 등 사이트는 거의 동시에 접속 불가 상태에 빠졌다. 웨이보중국판 트위터에도 간간히 관련 내용이 올라왔지만 그럴 때마다 중국 당국에 의해 삭제되는 일이 반복됐다. 중국 내에서도 알 만한 사람들은 충분히 해당 보도를 접했을 개연성이 높다. 그럼에도 이를 지켜보는 중국인들의 반응은 의외로 시큰둥하다. 대수롭지 않다는 시각이다. 한 중국인은 소감을 묻는 질문에 "그보다 더한 부정부패도 있었을 텐데, 우리는 그 정도 소식에 놀라지 않는다"고 태연하게 말했다.

지도층의 뿌리 깊은
해외 재산 도피

— 　　　　　　　　중국에서는 민족주의에 기반을 둔 애국주의 기세가 대단하다. 글로벌 시대를 맞이한 만큼 대개의 국가에서는 드러내놓고 민족주의를 부추기는 일을 삼간다. 그러나 중국은 예외다. 공식적으로 인정하는 민족 숫자가 56개나 되면서도 이른바 '중화민족'이라는 이름 아래 하나로 묶고는 대놓고 민족주의를 주창한다. 시진핑이 2012년 11월 총서기로 선출되며 당 권력을 잡자마자 취임 일성으로 '중화민족 부흥'을 강조한 것은 그중의 한 사례에 불과하다.

중국이 동중국해와 남중국해에서 일본, 베트남, 필리핀 등과 영유권 분쟁을 벌이는 것도 해저에 감춰진 자원 때문만은 아니라는 분석도 있다. 14억 국민을 하나로 똘똘 뭉치게 하려면 주변국과 끊임없이 분쟁을 일으켜 애국심을 고취시키는 것만큼 효과적인 것이 없다는 것이다.

그러나 중국 지도부가 강조하는 애국주의가 정작 정부 관원이나 기업가 등 지도층에게는 제대로 먹히지 않는 것 같다. 재산을 해외로 빼돌리고, 이중 국적을 유지하면서 언제라도 중국을 떠날 준비 태세를 갖추고 있는 사람이 부지기수이기 때문이다.

체인형 고급 레스토랑 차오장난俏江南을 세운 장란張蘭 회장도 그런 사람들 중 한 명이다. 중국을 대표하는 여성 사업가인 그는 중국 국적을 포기하고 외국 국적을 취득했다는 사실이 2012년 말 세상에 드러났다. 그의 외아들인 왕샤오페이汪小菲가 대만 여배우 쉬시위안徐熙媛과 결혼해 더욱 유명해진 터였다. 골치 아픈 계약 관련 분쟁을 해결하기 위해 중국 국적을 지워버린 것이다. 더구나 그는 베이징 차오양구의 정치협상회의 위원직을 맡고 있어 절반은 공직자였다.

장란은 결국 정치협상회의 위원직을 사퇴했지만, 인터넷에서는 "외국 국적을 가진 정치협상회의 위원이 그만이 아니다"는 주장이 제기되면서 사회 지도층의 국적 논란이 벌어졌다. 실제로 중국 지도층의 가족들 중에는 외국 국적을 보유하고 있는 사람이 적지 않다. 심지어 시진핑의 동생 시위안핑習遠平도 진작 홍콩 국적을 취득했다는 사실이 공공연한 사실로 떠돌고 있는 형편이다.

중국 국적과 함께 다른 나라 국적을 동시에 갖고 있는 사람들도 많다. 중국은 법적으로 이중 국적이 허용되지 않지만 해외에서 몰래 취득한 국적을 포기하지 않고 보유하고 있어도 이를 파악할 수 있는 수단이 없다.

이들이 이중 국적을 유지하는 이유는 간단하다. 유사시 언제라도 해외로 도피해 정착할 수 있다는 장점 때문이다. 후진타오에서 시진핑 시대로 넘어오면서 이런 경향은 더욱 강해지고 있다는 분석이다. 시진핑이 부정부패 척결을 강조하고 있어 자신도 언제 어떻게 걸려들지 모른다는 불안감 때문이다. 개인 소득 증가로 시민의식이 향상되면서 사회적 급변 사태가 발생할 가능성을 배제할 수 없다는 점도 한 요인이다. 그 경우 타깃은 부패한 관원과 기업인 등 사회 지도층이 될 수밖에 없다.

중국 지도층의 해외 재산 도피는 그래서 뿌리가 깊고 넓다. 미국 보스

턴컨실딩그룹BCG에 따르면 중국 부자들 중 2.8%가 해외에도 재산을 보유하고 있다. 재산 규모가 클수록 해외에서 자산을 보유한 사람의 비중이 더 높았다. 3억 위안약 510억 원 이상 재산을 보유한 사람들은 절반에 가까운 47%가 해외로 재산의 일부를 이전한 것으로 추정됐다.

한 서구 언론에서는 2012년 1년간 중국에서 해외로 빠져나간 돈이 2,250억 달러약 250조 원에 달한다는 주장을 제기했다. 중국 국내총생산의 약 3%에 달하는 규모다. 지난 10년간 해외로 빼돌린 돈이 무려 3조 달러약 3,360조 원에 달한다는 주장도 있다.

가장 큰 비판을 받고 있는 대상은 바로 '뤄관裸官'이다. 말 그대로 해석하면 '옷을 입지 않고 있는 관리'라는 뜻이다. 부인과 자녀를 해외로 이주시킨 기러기 공무원을 일컫는 말이다. 이들은 가족이 이미 해외 국적이나 영주권을 취득한 데다 불법으로 취득한 재산도 함께 빼돌렸기 때문에 유사시 언제라도 중국을 벗어날 수 있다. 이처럼 관복을 언제라도 벗어놓고 몸만 빠져나갈 수 있기 때문에 옷을 벗어놓고 있는 것과 같다는 뜻에서 뤄관이라는 이름이 붙여졌다. 이런 뤄관이 중국에 100만 명이 넘는다는 주장이 있다. 전체 공무원 600만 명의 6분의 1에 해당하는 숫자다.

최근에는 중국공산당의 고위 간부들이 일본에서 대리모를 통해 아이를 낳은 뒤 일본 국적의 아이 이름으로 재산을 해외 도피시키는 일도 벌어지고 있는 것으로 알려졌다. 일본 〈마이니치신문〉은 중국공산당 요직에 있는 삼촌으로부터 "대리 출산으로 일본 국적의 아이를 만들라"는 요구를 받은 40대 남성의 증언을 보도해 관심을 끌었다. 이 남성은 결국 일본 도쿄 신주쿠 가부키초에서 자신의 정자와 부인의 난자를 채취한 뒤 대리 출산을 통해 2014년 8월 남자아이를 얻었다. 그리고 만 2세도 되지 않은 이 아이의 통장에는 20억 엔약 200억 원이 예치됐다. 한 중국인 브로커는 이런 방식으로 4년간 일본 국적의 중국인 아이 86명을 낳게 한 것으로 전해졌다.

일본에서 자주 발생하는 금괴 밀수 사건도 대부분 중국 부유층에 의한 자금 밀반출에 관련된 것이라는 보도가 나오기도 했다. 중국 부유층이 위안화로 매입한 금괴를 여러 명의 운반책을 동원해 대만이나 한국 등에 1차로 보낸 뒤 이를 다시 일본으로 반입하는 경우가 많다는 것이다. 일본은 금괴에 8%의 소비세를 붙여 판매할 수 있기 때문에 중국인들이 선호하는 것으로 알려졌다.

이쯤 되면 중국 지도부가 강조하는 애국주의가 얼마나 허상에 지나지 않는지 여실히 드러난다.

부정부패의 상징, 월병

—
　　　　　　　　　　중국 사람들도 우리처럼 추석을 쇤다. 이 곳에서는 중치우제仲秋節로 불린다. 요일에 관계없이 무조건 사흘간을

중국에서 판매되고 있는 전형적인 월병.

쉰다. 우리나라는 목요일이 추석이면 토요일과 일요일까지 포함해 닷새 연속 쉬는 것이 가능하지만 중국에서는 일요일 대체근무를 해서라도 사흘간만 쉬는 것을 원칙으로 한다.

추석을 보내는 방식도 사뭇 다르다. 우리나라에서는 설과 마찬가지로 친척들이 고향에 모여 차례를 지내는 것이 일반적이다. 역시 민족 대이동이 벌어진다. 반면 중국에서는 근처에 사는 가족끼리 모여 식사를 같이하면서 비교적 조용히 보낸다. 연휴가 워낙 짧다 보니 추석 때는 고향을 찾지 않는 것이 일반적이다. 여행을 가는 사람도 많지 않다. 여행은 매년 10월 초순에 돌아오는 일주일간의 국경절 휴무를 주로 이용한다. 그러다 보니 중국의 추석은 이래저래 좀 심심한 편이다.

그러나 중국의 추석을 결코 평범하지 않게 만드는 물건이 있으니 바로 '월병月餅'이다. 월병은 중국인들이 추석 때 먹는 전통 음식이다. 우리로 치면 송편과 비슷한 셈이다. 그러나 송편과는 그 용도가 많이 다르다. 송편은 가족이 모여서 직접 만들어 먹지만 월병을 집에서 만드는 중국인은 요즘 거의 찾아보기 어렵다. 대신 백화점이나 할인점, 제과점, 호텔 등에서 수많은 종류의 월병을 만들어 판매한다. 대개는 선물용으로 팔린다. 추석이 가까워지면 월병을 배달하는 차량으로 도로가 막힐 지경이다.

월병이 중국 역사에 등장하기 시작한 것은 약 3,000년 전 은나라와 주나라 시대로 거슬러 올라간다. 지금의 저장성 일대에서 둥근 밀가루 빵에 팥으로 소를 넣고 구워내던 과자가 시작이다. 당시 월병은 추석 보름달 모양의 제수용품이었다.

이 월병이 선물로 사용된 것은 당나라 희종이 신하들에게 하사하면서 부터다. 민간에 널리 퍼진 것은 명나라 태조 주원장 때라는 것이 정설이다. 주원장은 몽골족 원나라를 치기 위한 봉기를 준비하면서 D데이를 음력 8월 15일로 정했다. 이를 알리는 수단으로 월병에 비밀 쪽지를 넣어 돌렸고, 거사는 대성공을 거두었다. 이후 명나라 태조에 오른 주원장이 봉기의 성공을 기념하기 위해 추석에 월병을 먹던 것이 지금까지 전해져 내려온 것이다. 특히 청나라 때부터는 민간에서도 대표적인 추석 선물로 자리를 잡았다고 한다.

다른 설도 있다. 당나라 때 대장군 이정이 흉노족을 이긴 뒤 수도인 장안으로 돌아왔을 때 당나라 고조가 투르판 상인이 추석 선물로 진상한 후나라의 둥근 떡 후빙胡餅을 군사들에게 하사한 것이 시초라는 주장도 있다. 이후 민가로 퍼져 나가면서 이름이 월병으로 바뀌었다는 것이다. 일각에서는 양귀비가 추석 때 밝은 달을 보면서 후빙을 먹다가 무심코 내뱉은 말이 월병이었다는 얘기도 있다.

지금의 월병은 맛도 가격도 천차만별이다. 맛을 결정짓는 것은 밀가루 반죽 속에 넣는 재료다. 호두 등 견과류, 단팥, 참깨, 달걀, 말린 과일 등 다양하다. 베이징식, 쑤저우식, 광둥식, 윈난식 등 지방별로도 각각 특색이 있다. 가격 차이는 더욱 크다. 한 박스에 우리 돈으로 1만 원이 안 되는 것도 있지만 수백만 원을 호가하는 고가 제품도 있다.

고가의 월병은 중국의 부정부패를 상징하기도 한다. 상하이의 한 은행에서 출시한 1만 6,000위안약 270만 원짜리 월병 선물세트는 1주일 만에 완판이 되기도 했다. 안에 금이 들어 있는 월병이었다. 베이징의 한 도예업체가 내놓은 4만 7,000위안약 800만 원짜리 월병 세트도 준비한 2,000세트가 순식간에 팔렸다.

최근 들어서는 중국 특유의 월병 문화에 변화의 바람이 불고 있다. 시진핑이 강하게 드라이브를 걸고 있는 반부패 개혁 조치의 일환으로 당국이 월병 선물 문화에 칼을 들이댄 탓이다. 당 중앙기율검사위원회는 2013년 열린 상무회의에서 추석 때 공금으로 월병을 구입해 선물하는 행위를 전면 금지했다. 그동안 하급 기관에서 상급 기관에 월병을 상납하던 문화에 철퇴를 내린 것이다. 시진핑이 직접 나서기도 했다. 그는 그해 추석을 앞둔 시점에 랴오닝성을 시찰하는 자리에서 "공금으로 선물을 증정하는 행위는 사치와 낭비에 해당한다"고 일갈했다. 다분히 추석 때 월병 선물 문화를 겨냥한 발언이었다. 그것도 부족했는지 당 중앙기율검사위원회는 곧바로 '중추절과 국경절 기간 선물 증정 금지에 관한 통지'를 전국적으로 발표했다.

이후 시중에서는 월병 판매가 많이 시들해졌다. 샹그릴라와 페닌슐라, 리츠칼튼 등 중국 내 고급 호텔의 경우 월병 주문량이 예년의 절반 이하로 줄어든 지 오래다. 중국에서 독특하게 유통되는 월병 상품권 시장도 된서리를 맞았다. 중국에서는 월병 대신에 월병으로 교환이 가능한 상품권이 유통된다. 암시장에서 할인해 현금으로 교환할 수도 있어 교묘한 뇌물로 인기가 높았다. 요즘은 암시장 상인들이 울상을 짓고 있다고 한다. 한때 유행하던 '월병 경제'라는 말이 무색해졌다. 앞으로 중국의 월병 문화가 어떻게 변화하는지를 잘 지켜보면 시진핑식 반부패 개혁이 어떻게 자리를 잡아가는가를 확인해볼 수 있을 듯싶다.

다모클레스의 검을 휘두른 왕치산

—

덩샤오핑 이후 최고의 권력자로 부상한 시진핑. 그는 2012년 11월 당 총서기에 오르자마자 부정부패와의 전쟁을 선언했다. 그가 부정부패 척결을 국정 제1순위 과제로 천명한 것은 부정부패 문제가 도를 넘어섰다고 봤기 때문이다. 도를 넘어섰다는 기준은 딱 한 가지다. 중국공산당 1당 지배 체제를 유지하기에 부정부패 문제가 큰 걸림돌이 될 수 있다고 판단한 것이다. 당이 유지되기 위해서는 좁게는 당원, 넓게는 당원 이외의 사람들까지 포괄하는 인민들의 지지가 필수적이다. 그런 상황에서 대부분 당원으로 구성된 관원공직자들의 부정부패에 대한 인민들의 불만이 더 이상 좌시하기 어려운 상황에 이른 것으로 판단했다는 뜻이다. 특히 과거와 달리 인터넷이 발달한 요즘 관원의 부정부패를 숨기는 것은 불가능에 가깝다. 부정부패와의 전쟁은 시진핑이 당의 지지 기반을 유지하고 나아가 자신의 권력 기반을 튼튼히 하기 위해 준비한 고도의 전략적 정치 행위로 볼 수 있다.

　시진핑은 이런 고도의 정치 행위인 반부패 전략을 수행할 책임자로 왕치산王岐山 당 중앙기율검사위원회 서기를 골랐다. 권력 서열 6위 상무위원인 왕치산은 중앙 권력에서 중요시하는 사회경제적 사건이 터졌을 때 긴급 소방수로 투입돼 자신의 업무 능력을 철저히 입증한 정치인이다. '위기 해결사'라는 별명이 붙었을 정도였다.

　중국인들에게 베이징 시장 시절의 왕치산은 영웅적 정치인으로 기억된다. 사스SARS, 중증급성호흡기증후군가 창궐해 베이징이 대혼란 속에 빠졌던 2003년, 중국공산당은 사태를 수습할 구원투수로 중국 남부 하이난성海南省 당서기로 내려간 지 5개월밖에 안 된 왕치산을 지목했다. 그는 사망자 수조차도 제대로 공개되지 않을 정도로 베일에 가려진 채 진행되던 당국의 사스 대처 방식을 일시에 투명하게 바꾸고, 당국이 꺼리던 세계보건기구WHO의 지원도 적극 수용함으로써 시민들의 신뢰를 회복하며 사스를 빠르게 잠재워 나갔다.

그의 해결사로서 능력은 1997년 아시아 외환위기 때도 유감없이 발휘된 터였다. 당시 '세계의 공장'으로 불리던 중국 남부 광둥성에서 대형 금융기관들이 도산했다.

왕치산 당 중앙기율검사위원회 서기.

최악의 금융위기 국면에 접어들자 중국공산당은 사태 수습을 위해 당시 인민은행장을 맡고 있던 왕치산을 광둥성 상무부성장으로 내려보냈다.

그는 채권을 들고 있던 서방 은행들과 직접 만나 담판을 지으며 위기를 해결했다.

시진핑이 정권을 잡은 뒤 중앙기율검사위원회 서기를 맡게 된 왕치산은 반부패의 최전선에서 섰다. 그는 중앙순시조를 통해 중국 전역의 부정부패를 일망타진하는 데 앞장섰다. 더욱더 놀라운 것은 중앙순시조의 운영을 투명하게 공개하면서 반부패 활동을 벌였다는 점이다.

예컨대 이런 식이다. 어느 날 베이징에서 발행되는 조간신문에 '중앙순시조 올해 첫 순시 일람표'라는 제목의 큼지막한 표가 실렸다. 이 표는 2개월간 새로 활동에 들어간 13개 중앙순시조가 각각 어디로 파견됐는지를 일목요연하게 보여준다. 각 순시조별로 조장, 부조장 이름과 구체적인 활동 기간, 전화번호, 우편함 주소가 공개돼 있다. 눈에 띄는 것은 전화번호 밑에 적혀 있는 업무 시간이다. 대부분 오전 8시부터 오후 8시까지 12시간 동안 업무가 이뤄지고, 일부 순시조는 밤 10시까지 연락이 가능하게 돼 있었다. 통상적인 공공기관보다 훨씬 긴 시간 동안 전화를 열어놓고 있는 셈이다. 순시조에 제보할 내용이 있으면 언제라도 연락하라는 메시지다.

조사 대상에는 간쑤성과 베이징, 닝샤회족寧夏回族자치구, 산둥성, 톈진, 신장新疆위구르자치구, 하이난성, 허난성, 푸젠성, 랴오닝성 등 지방정부 10곳과 과학기술부, 푸단夏旦대, 중량中糧그룹 등 정부부처와 대학, 국유기업이 각 1곳씩으로 돼 있었다.

중앙순시조는 '현대판 포청천' 혹은 '중국판 암행어사'라고 불린다. 물론 과거 암행어사와 달리 조사 활동을 공개적으로 벌인다. 조사 대상 기관에 도착한 중앙순시조가 처음으로 하는 일은 해당 기관의 최고 수장과 주요 간부들이 모인 가운데 이른바 '동원회'를 여는 것이다. 예컨대 베이징에 대한 조사를 열었을 때 동원회에 당 정치국 위원인 베이징 당 서기를 비롯해 시장과 정협中國人民政治協商會議의 주석, 당 부서기 등 베이징 최고 지도부가 전원 참석한 바 있다.

중점 조사 대상이 되는 유형도 미리 소개된다. 권력형 금전 거래와 공금 횡령, 수뢰 등 부정부패형 기율 위반 혐의가 첫 번째 유형이다. 공공기관의 예산 절감과 공무원들의 검약을 강조하기 위해 제정한 '8항 규정' 위반과 관료주의, 형식주의, 향락주의, 사치풍조 등 이른바 '사풍四風' 관련 위반 사항이 두 번째 집중 조사 대상에 속한다. 당 노선 실천 등 정치적 문제와 조직 내 간부 선발 과정상 문제 등도 조사 대상에 포함된다.

중앙순시조 도입은 시진핑 체제가 처음은 아니다. 순시 제도가 처음 도입된 시점은 후진타오 체제가 출범했던 지난 2002년 11월 제16차 당대회중국공산당 제16차 전국대표대회 때였다. 이어 2003년 8월 당 중앙기율검사위원회와 당 중앙조직부가 공동으로 운영하는 순시조가 처음으로 출범했다. 이때 5개로 출발한 순시조는 2007년 8월 11개로 늘었고, 2009년 12월에는 지금의 중앙순시조라는 이름을 갖게 됐다. 시진핑 체제 초기에는 12개 순시조로 더 늘었다가, 지금은 13개로 하나 더 증가했다.

중앙순시조는 이처럼 시대 상황에 맞게 그 모습을 조금씩 달리하고 있다. '전문 순시'도 그중 하나다. 과학기술부와 푸단대, 중량그룹을 대상으로 첫 전문 순시가 이뤄졌다. 전문 순시는 다른 순시와 달리 기간이 한 달로 줄어든 대신 특정 분야에 대한 조사가 집중적으로 이뤄진다.

왕치산은 첫 전문 순시를 시행하면서 중앙순시조원들에게 "높이 매달려 있는 다모클레스의 검이 되라"는 무시무시한 지시를 내렸다.

'다모클레스의 검'은 기원전 4세기 시칠리아의 왕 디오니시오스 일화에서 나온 말이다. 디오니시오스는 왕을 부러워했던 신하 다모클레스에게 자신을 대신해 왕의 생활을 해보라고 권했다. 다모클레스는 그의 제안대로 왕처럼 화려한 생활을 즐기다가 어느 날 자신이 앉아 있는 옥좌 바로 위에 가느다란 말총으로 매달린 칼을 발견했다. 잔뜩 겁먹은 다모클레스는 권력의 위험성을 눈치채고 재빨리 도망쳤다.

다모클레스 검의 희생자가 얼마나 나왔을까. 중국공산당은 2017년 6월 4년여간 이어진 중앙순시조 활동을 마감한다고 발표했다. 이는 제19차 당대회중국공산당 제19차 전국대표대회를 앞두고 이뤄진 조치로 해석된다. 19차 당대회는 시진핑 집권 5년 차에 열리는 것으로 당과 정부 지도부를 새롭게 구성하게 된다. 권력 구조의 재편을 앞두고 반부패 활동을 1차적으로 마감한 것이다.

당 중앙기율검사위원회는 2013년 5월 제1차 중앙순시조 순시를 시작으로 최근까지 12차례에 걸쳐 277개 기관과 단체, 16개 성과 직할시, 자치구에 대한 조사를 실시했다. 이 순시에 걸려 낙마한 공직자 수는 고위급부터 하위급까지 수만여 명에 달하는 것으로 알려져 있다.

기러기 공무원,
뤄관들의 수난
—

중국에도 가족을 해외로 내보낸 '기러기 공무원'들이 꽤 많다. 당 중앙기율검사위원회에서는 대략 118만 명으로 추산하고 있다. 앞에서도 언급했듯이 중국에서는 이들을 '벌거벗은 관리'라는 뜻에서 '뤄관'이라고 부른다. 말 자체에 사회적 냉소가 담겨 있다.

국장급 이상 고위층은 주로 가족을 미국과 캐나다, 호주 등 선진국으로 내보내고, 하급 관리들은 그보다 비용이 저렴한 태국과 미얀마, 말레이시아 등 동남아로 내보낸다. 심지어는 생활비가 적게 드는 남미와 아프리카로 보내는 경우도 있다. 이런 뤄관들이 중국에서 사회 문제로 부각된 지는 이미 오래다. 불법으로 재산을 챙긴 뒤 여차하면 외국으로 도망갈 준비를 하고 있는 관리가 워낙 많기 때문이다. 설령 재산을 빼돌리려는 목적이 없다 하더라도 해외로 생활비를 송금해야 하기 때문에 부정부패에 연루되기 쉽다. 정상적인 중국 공무원 월급만으로 해외를 포함해 두 집 살림을 하는 것은 어림없는 일이기 때문이다. 그래서 뤄관들은 항상 질타의 대상이 돼왔다. 그래도 법적으로는 어찌할 도리가 없기 때문에 뤄관이라는 이유만으로는 이들을 제재할 방법이 없었다.

그러나 시진핑이 반부패 활동을 강화한 이후에 분위기가 완전히 바뀌었다. 뤄관이라는 사실만으로 공직에서 철퇴를 가하는 작업이 벌어지고 있다. 공직을 유지하려면 당장이라도 가족을 국내로 불러들여야 한다. 한국에서는 상상할 수조차 없는 일이지만 중국에서는 이 같은 뤄관 퇴치 작업이 한창이다.

시작은 중국공산당에서 인사문제를 담당하는 중앙조직부가 2014년 1월 개정해 발표한 조례였다. 중앙조직부는 12년 만에 개정한 '지도간부 선발임용 업무 조례'를 통해 뤄관을 간부직에 등용하지 말 것을 각 기관에 지시했다. 동시에 뤄관으로 간주되는 범위를 확대했다. 과거에는 공무원 본인을 기준으로 부인과 자식이 모두 해외에 있거나 아니면 부인이 없는 공무원이 자식을 내보낸 경우, 자식 없는 공무원이 부인을 내

보낸 경우를 뤄관으로 판정했다. 자식은 두고 부인만 나가 있거나 부인은 두고 자식만 내보낸 경우는 뤄관으로 분류되지 않았다.

그러나 새 조례가 발표된 이후에는 자식은 중국에 두고 부인만 해외에 있는 경우도 뤄관으로 판정하기 시작했다. 물론 부인은 두고 자식만 공부 등의 이유로 해외에 있는 경우는 여전히 뤄관에서 제외된다.

중국에서는 당에서 발표한 조례라도 하급 단위에서는 실천하지 않아 사장된 조례가 부지기수로 많다. 그러나 이번엔 예외다. 유력한 상무위원 후보로 거론되는 후춘화胡春華 광둥성 당서기가 총대를 멨다. 광둥성은 향락 도시로 유명한 둥관에서 대대적인 퇴폐업소 단속을 벌인 데 이어 뤄관 철퇴 작업에도 앞장서는 모범을 보였다.

그 여파로 팡쉬안方旋 광둥성 부서기가 뤄관이라는 이유로 정년퇴직 5개월을 앞두고 물러났다. 장관급 고위 인사가 내쳐진 것이다. 이렇게 된 데는 당 중앙기율검사위원회에서 광둥성으로 파견한 중앙순시조 역할이 컸다. 순시조가 "뤄관 문제가 심각하다"고 지적한 이후 가차 없는 뿌리 뽑기가 진행된 것이다. 광둥성은 4개월간 관할 지역 내 뤄관 1,000여 명에 대한 실태 조사를 실시해 900명 가까운 뤄관을 좌천시켰다. 광둥성 정부는 뤄관들에게 가족을 귀국시키지 않으면 한직으로 몰아내겠다고 예고한 뒤 실제로 징계 인사를 단행했다. 해외에 있는 가족을 전부 국내로 불러들인 소수의 공무원들만 불이익을 피했다. 광둥성 정부는 뤄관들을 내치면서 "가족들을 해외로 내보내면 자신도 언제든 출국할 수 있기 때문에 국가나 조직에 대한 충성도가 낮을 수밖에 없다"는 이유를

댔다. 이런 조치에 대해 네티즌들은 90% 이상 환영의 뜻을 나타냈다.

광둥성의 선제적인 뤄관 퇴치 작업은 지금 중국 전역으로 확산되고 있다. 이제 중국에서 뤄관은 더 이상 공직에 발을 붙일 수 없게 됐다. 뤄관이 근무할 수 없도록 정부가 지정한 기관에 웬만한 곳이 다 포함됐기 때문이다. 지금 중국에서는 때 아닌 가족상봉이 연출되고 있다. 반대로 가족을 찾아 해외로 도피하는 뤄관들도 늘고 있다.

불법 관시 형성의 고리, EMBA 과정

— 한국에서의 인맥은 주로 학연과 지연을 통해 이뤄진다. 학연으로는 고려대 교우회가, 지연으로는 호남 향우회가 유명하다. 학연과 지연이 아니면서도 *끈끈한* 유대 관계를 보이는 인맥으로는 해병대 전우회가 있다. 이런 '3대 인맥' 이외에 고교 동문은 학연과 지연이 일치하는 특성 탓에 전통적으로 가장 *끈끈하다.*

그렇다면 '관시關係'를 중시하는 중국에서는 어떤 인맥이 가장 중시되고 있을까. 일반적으로 학연보다 지연이 우선시된다. 14억 인구의 중국에서 같은 고교 출신을 만난다는 것은 하늘의 별 따기다. 그러다 보니 중국에서는 고향이 같다는 것만으로도 엄청난 유대감을 형성시킨다.

예컨대 중국 남부 윈난성雲南省 성장이 중앙 정부에 볼 일이 있어 베이징에 올라온다고 치자. 그가 베이징에서 빼놓지 않고 하는 행사가 윈난성 출신 중앙 정부 간부들을 모아 식사를 대접하는 일이다. 시진핑의 반부패 정책 이후 공금을 낭비하지 못하도록 한 이른바 '8항 규정'이 도입된 이후로는 풍속도가 조금 달라지긴 했지만 동향인 간의 유대 관계는 그대로다. 동향인들은 잦은 모임을 통해 서로 정보를 주고받고, 밀어주고 당겨주면서 치열한 생존 경쟁에서 살아남기 위해 노력한다.

이런 중국에서 출신 고향이 전혀 다르면서도 인맥을 쌓는 데 용이한 수단이 하나 있다. 바로 주요 대학에서 운영하고 있는 EMBA나 CEO 과정 같은 고가의 교육 프로그램이 그것이다. 베이징이나 상하이 등 대도시에서 운영되는 이런 교육 과정에는 전국 각지의 내로라하는 고위 관료들과 기업인들이 참여한다. 이들은 프로그램에 따라 일주일에 한 차례, 혹은 한 달에 한 차례 정도 모여 집중적인 교육을 받으면서 친분을 맺는다. 한국의 CEO 과정 분위기와 비슷한 면이 있지만 참가자들의 지역적 기반이 훨씬 다양하다는 특징이 있다.

이런 교육 과정에서 맺은 관시는 의외로 큰 역할을 한다. 기업인들은 여기서 만난 관료들과의 친분을 통해 정부가 영향력을 행사할 수 있는 사업의 이권을 따낸다. 동기생으로 만난 다른 기업가와 정보를 공유한 덕분에 합작 사업으로 큰돈을 벌기도 한다. 만약 같은 교육 과정을 듣는 지방 고위 관료가 업무 차 베이징에 올라올 경우에는 베이징 소재 동기생 기업인들이 모여 그를 위해 은밀하면서도 화려한 연회를 베푸는 것이 일반적이다. 성공한 사람들의 사교 모임이나 마찬가지인 이런 교육 과정은 관시를 형성할 수 있는 최고의 수단으로 각광받고 있다.

그러나 이 같은 고가 교육 과정을 통한 관시 맺기도 그 풍속도가 조금씩 달라지고 있다. 당 중앙조직부가 이런 고가 교육 과정의 폐해를 인식하고 고위 관료와 국유기업 간부 등의 참여를 원천적으로 차단하고 나섰기 때문이다. 이미 교육을 받고 있는 사람들에게는 자퇴를 명했다. 이런 교육 과정에는 EMBA와 EMBA 사후 과정, CEO 과정, 고급 세미나 등이 모두 포함됐다. 이런 지시는 곧바로 현실화됐다. 중국유럽국제경영대학원CEIBS EMBA 과정에 다니던 차관급 관료 3명이 곧바로 자퇴한 것이 대표적이다. 아시아 최고 부자인 리카싱 청쿵그룹 회장이 설립한 베이징의 최고급 경영대학원인 장강상학원CKGSB에서도 관료들의 자퇴가 줄을 이었다는 후문이다.

당의 이런 조치는 고가 교육 과정 자체가 부정부패의 온상이 되고 있다는 부정적 인식 때문이다. 수업료가 장강상학원은 연간 70만 위안약 1억 2,000만 원, 중국유럽국제경영대학원의 EMBA는 60만 위안약 1억 원에 달한다. 이런 비용을 스스로 부담하고 교육을 받을 수 있는 관료는 거의 없다. 수업료가 관료 연봉의 십수 배에 달하기 때문이다. 그래서 주로 외부 스폰서를 받는 경우가 많다. 이런 과정에서 부정부패가 싹튼다는 것이 당 중앙조직부의 인식이다. 〈포브스〉에 따르면 중국 경영대학원 EMBA 과정 중 정부 관료 비중이 평균 8.3%에 달하는 것으로 조사됐다.

이제 중국에서 EMBA 전성시대는 끝날 것인가. 그렇지 않다는 의견이 여전히 많다. EMBA만큼 인맥 쌓기에 좋은 수단이 현재 없기 때문이다.

중국 샐러리맨의 우상이 되다

양위안칭(楊元慶) 레노버(Lenovo) 회장 겸 CEO는 중국에서 가장 성공한 전문 경영인으로 유명하다. 그의 연봉은 200억 원을 훌쩍 넘는다. 중국 내 최고액이다. 그가 중국에서 '샐러리맨의 우상'으로 불리는 이유다.

레노버의 창업자는 류촨즈(柳傳誌) 전 회장이지만 그는 회사가 일정 규모에 올라선 뒤 양위안칭에게 경영의 전권을 맡겼다. 양위안칭보다 레노버를 더 잘 경영할 사람이 없다는 사실을 잘 알고 있었기 때문이다. 레노버를 만든 것은 류촨즈였지만 지금의 레노버로 키운 것은 양위안칭이다.

양위안칭은 1986년 상하이교통대 컴퓨터학과를 졸업한 뒤 중국과기대 대학원에 입학했다. 1989년 석사학위를 취득하자마자 레노버에 입사했다. 그가 입사 직후 맡은 업무는 수입한 HP 제품을 판매하는 일이었다. 그는 남다른 수완을 발휘했다. 입사 3년째 되던 해 PC사업부장을 맡았고, 이후 연간 100%씩 판매를 늘렸다. 양위안칭은 당시 직원을 배려하고 창조적인 생각을 추구하는 HP 경영 이념에서 많은 것을 느꼈다고 뒷날 술회했다. 처음부터 단기적인 성과에만 집착하면 회사의 미래가 없다는 점도 깨달았다. 일본 소니의 경우 처음에는 창의와 혁신을 강조했지만 나중에는 더 창의적이고 혁신적인 애플과 효율적인 삼성에 패배하고 말았다. 그래서 지금도 그는 "레노버는 효율과 창의·혁신의 균형을 유지해야 한다"고 생각한다.

그는 1994년 레노버 컴퓨터 부문 대표로 승진했다. 그가 주도한 레노버 브랜드 PC는 4만 2,000대가 팔리면서 중국 시장 톱3 제품이 됐다. 이때부터 그는 이미 중국의 판매 천재이자

IT 분야 스타로 유명세를 타기 시작했다. 그의 나이 겨우 29세 때 일이다.

그가 2000년 레노버 대표가 된 뒤 레노버는 일본을 제외한 아시아 브랜드 중 판매 1위를 기록했다. IBM PC사업 부문을 17억 5,000만 달러(약 1조 9,600억 원)에 인수한 바로 다음 해에는 회사를 세계적인 기업으로 키우고자 주소를 미국 뉴욕으로 옮겼다. 레노버가 인수할 당시 10억 달러(약 1조 1,200억 원) 적자를 기록하던 IBM PC사업 부문은 곧바로 흑자 전환할 수 있었다. 이는 레노버가 중국 업체로는 처음으로 세계 500대 기업에 진입한 배경이 됐다.

레노버가 세계적인 기업으로 부상한 데는 M&A 전략이 주효했다. 결정적인 계기는 2005년 5월 IBM PC사업부문을 인수한 것이었다. 새우가 고래를 삼키며 단번에 PC 부문에서 세계 3위 업체로 부상할 수 있었다. 주변에서는 우려가 많았지만 양위안칭 당시 사장은 인수를 밀어붙였다. 동시에 미국 델컴퓨터의 윌리엄 아멜리오 아시아태평양 지역 대표를 새로운 CEO로 영입했다. 주변의 만류에도 양위안칭은 "아멜리오의 경영 노하우와 전문성이 레노버의 새로운 목표 달성에 큰 도움이 될 것"이라고 강조했다.

그러나 글로벌 금융위기 여파로 레노버가 2009년 2월, 3년 만에 처음으로 분기 손실을 기록한다. 그 사실이 발표된 직후 아멜리오는 취임 3년 2개월 만에 전격 사임했다. 그가 물러나자 류촨즈가 회장으로, 양위안칭이 CEO로 복귀했다.

뜻하지 않은 역경은 양위안칭에게 보약이었다. 그는 젊고 능력 있는 CEO에서 경험 많고 노련한 CEO로 변신했다.

IBM PC사업 부문을 인수하기 직전까지 양위안칭은 그저 업무적으로 능력이 뛰어난 직원이었다. 영업사원 출신인 그는 성을 공격해 땅을 빼앗는(攻城略地) 것을 좋아했다. 우뢰와 같이 맹렬하고 바람처럼 신속하다는 평가가 뒤따랐다. 자신이 주장하는 일에 대해서는 편집증을 보일 정도로 자신감을 갖는 스타일이었다. 심지어 오너인 류촨즈 회장도 그를 통제하기 어려울 정도였다. 이사회 멤버나 다른 경영진들과도 마찰이 잦았다. 레노버를 벼랑 끝으로 몰고 가기도 했다.

그러나 아멜리오와 마찰을 빚으면서 많은 것을 깨달은 양위안칭은 외국인 간부들과 인간적으로 가까워지기 위해 농담도 할 줄 아는 유연한 인물로 달라져 있었다. 날씨와 가족에 대해서도 얘기를 주고받는 등 직원들과 친구처럼 지내게 됐다. 해외 CEO들처럼 부하직원들을 집으로 초청해 식사를 즐기기도 한다. 직접 요리를 할 때도 있다. 외국인 동료들은 이제 친근해진 그를 'YY'로 부른다.

더욱 견고해진 시진핑 체제

쑨정차이 낙마가 뒤흔든
시진핑 후계 구도

— 중국은 5년마다 한 번씩 국가지도부를 재편한다. 2,300여 명의 중국공산당 전국 대표들이 모이는 당대회를 통해서다. 2012년 11월 개최된 제18차 당대회중국공산당 제18차 전국대표대회에서 시진핑이 당 총서기로 등극한 이후 5년 만에 열리는 제19차 당대회는 시진핑을 제외한 나머지 지도부가 어떻게 구성될 것인지 전 세계의 이목을 집중시켰다.

통상 당대회가 열리기 직전 공산당 전·현직 지도부가 모이는 베이다이허회의에서 인선안이 사실상 추인된다. 중국공산당 지도부는 어느 날 갑자기 혜성처럼 등장하는 것이 아니라 오랜 기간 검증에 검증을 거쳐

2014년 6월 권영세 주중 한국대사(왼쪽)와 쑨정차이 충칭 당서기의 면담 모습.

선출되기 때문에 어느 정도는 누가 새로 최고 지도부에 입성할 것인지 예측이 가능하다. 이것이 중국공산당 인사의 최대 장점 중 하나로 꼽힌다. 14억 인구를 다스리기 위해서는 인사의 안정성이 필수적이기 때문이다.

그런데 19차 당대회를 얼마 남겨두지 않은 2017년 7월 이변이 일어나고 말았다. 차세대 상무위원 진입이 유력했던 쑨정차이孫政才 충칭 당서기가 돌연 낙마한 것이다. 중국공산당 상위 25명에 속하는 당 정치국위원의 신분을 지녔던 쑨정차이는 불과 얼마 전까지만 해도 잘하면 시진핑을 뒤이어 국가주석 자리에까지 오를 수 있을 것으로 평가받던 중국 정치계의 거물이었다. 세상의 관심은 쑨정차이가 앞서갈 것이냐 아니면 후춘화 광둥성 당서기가 앞서갈 것이냐에 모였지 그가 낙마하리라고는 누구도 생각하지 못했다.

소문으로만 돌던 그의 낙마는 당 중앙기율검사위원회의 발표로 공식 확인됐다. 중앙기율검사위원회는 "쑨정차이에 대해 엄중한 기율 위반 혐의로 당 중앙_{중국공산당 중앙위원회}의 결정에 따라 조사를 실시하고 있다"고 공식 발표했다. 엄중한 기율 위반 혐의는 통상 부정부패 혐의를 말한다. 쑨정차이는 이보다 열흘 정도 앞서 베이징에서 개최된 금융공작회의에 참석했다가 충칭 당서기에서 면직된 뒤 베이징 호텔에 구금된 상태에서 조사를 받는 상황이었다.

이어 당 기관지 〈인민일보〉는 곧바로 그를 비판하는 사설을 실었다. 〈인민일보〉는 '철의 기율로 엄정한 당 통치'라는 제목의 사설에서 "쑨정차이 동지에 대한 조사 결정은 당의 기율 앞에 누구나 평등하다는 것을 보여주었다"고 평가했다. 사설은 시진핑이 국가주석으로 취임한 후 낙마한 거물급 부정부패 사범들 즉 저우융캉周永康, 보시라이薄熙來, 쉬차이허우徐才厚, 링지화令計劃, 궈보슝郭伯雄 등을 일일이 열거하면서 "당에는 기율에 속박되지 않는 어떤 특수 조직도 특수 당원도 없다"고 강조했다.

사설은 또한 "반부패 척결은 영원한 진행형이다. 사상 정치 행동에 있어 시진핑 동지를 핵심으로 하는 당 중앙과 고도의 일치를 유지해야 한다"고 덧붙였다. 차기 지도부를 구성하는 당대회를 앞두고 시진핑 반대 세력에 경거망동하지 말 것을 경고한 것으로 풀이된다.

정치 분석가들은 쑨정차이 낙마가 그의 측근인 허팅何挺 충칭 공안국장의 낙마에서 발단된 것으로 보고 있다. 허팅은 불과 3개월 전 비리 혐의로 당 중앙기율검사위원회 조사를 받은 뒤 얼마 안 가 면직 처분을 받았다. 그 뒤부터 쑨정차이에 대한 물밑 조사가 시작됐다는 것이다. 또한 아내의 비리도 영향을 미쳤을 것이라는 분석도 나왔다. 그의 아내 후잉 胡穎은 민생은행이 관리하는 VIP클럽의 핵심 멤버였다. 이 클럽 멤버들은 정기적으로 친목을 도모하면서 기업들의 민원 해결 창구 역할을 맡았던 것으로 알려졌다. 비리 혐의로 낙마한 '후진타오의 오른팔' 링지화 전 통일전선공작부장의 부인 구리핑谷麗萍도 이 모임의 멤버였다.

무서운 것은 그의 낙마가 공식화된 직후부터 온갖 악행이 홍콩 언론 등을 통해 집중 보도되고 있다는 점이다. 다수 여성들과 부적절한 관계를 맺고 있으며, 수많은 혼외자식이 있다는 등의 내용이 그것이다. 심지어 그의 내연녀와 관계가 있는 기업에 중국 정부가 심혈을 기울이고 있는 일대일로一帶一路 자금을 대주기도 했다는 것이다. 그가 고급 시계를 손목에 차고 있던 과거 모습을 사진과 함께 게재하면서 명품 시계광이었다는 폭로도 나왔다. 2009년 농업부 장관 재직 때 미국을 방문했을 때는 미국의 유명 기업이 제공한 전용기를 타고 뉴욕 코넬대에 유학 중인 딸을 만나러 갔다는 소식도 전해졌다.

그럼에도 쑨정차이의 낙마를 바라보는 중국 내부의 시선은 매우 복잡하다. 유력한 차세대 주자의 갑작스러운 낙마가 단순히 부정부패 때문이라고 판단하는 사람은 많지 않다. 시기적으로도 권력 구조의 재편을 코앞에 두고 벌어진 사건인 만큼 중국 특유의 권력 투쟁의 산물로 보는 시각이 더 많다.

19차 당대회의 최대 관전 포인트는 누가 시진핑의 후계자가 될 것인가로 모아진다. 중국에서는 10년간의 국가주석 통치 기간 중 중간에 열리는 당대회에서 후계자가 사실상 지목돼왔다. 시진핑도 후진타오의 5년간 연임이 확정된 2007년 17차 당대회에서 국가부주석으로 확정됐다. 그러면서 권력 서열상 리커창李克强 당시 상무부총리를 앞섬으로써 후진타오의 후계자로 낙점됐던 전례가 있다. 그리고 당시 시진핑을 후진타오의 후계자로 낙점한 것은 바로 후진타오의 전임자였던 장쩌민이었다. 마찬가지로 후진타오를 장쩌민의 후계자로 낙점한 것은 장쩌민의 전임자였던 덩샤오핑이었다. 중국에서는 이를 '격대지정隔代指定'이라고 부른다. 즉 한 세대를 건너뛰어 차기 지도자를 낙점한다는 뜻이다. 이러한 관행은 현 지도자에게 후임자를 낙점할 권한까지 부여할 경우 현재의 권력자에게 권한이 지나치게 집중될 수 있다는 염려에서 비롯됐다는 분석이다.

　이런 상황에서 시진핑의 후계자로 유력하게 거론되던 인물이 현 권력에 의해 낙마한 것은 시진핑이 자신의 후계자 선임 과정에 영향력을 행사하려는 것으로 보이기에 충분하다. 덩샤오핑 시대 이후 지금까지 지켜진 격대지정의 관행에 시진핑이 반기를 든 것으로 볼 수 있는 셈이다.

　쑨정차이가 낙마하면서 권력 재편을 앞둔 중국 지도부 내부에는 불안감이 엄습하고 있다는 후문이다. 쑨정차이와 함께 유력 주자로 꼽히던 후춘화 광둥성 당서기도 겉으로는 멀쩡한 것 같지만 이미 영향력이 과거만 못하다는 소문이 돌고 있다. 그나마 같은 공산주의청년단공청단 출신인 후진타오의 배려로 화를 면했다는 것이다. 쑨정차이의 낙마가 가져올 후폭풍이 차기 중국 지도부 구성에 어떤 영향을 미칠지 최대 관심사가 아닐 수 없다.

대륙을 뒤흔든 보시라이 사건 다시 보기

——

제19차 당대회가 마무리되면 시진핑 체제 제2기가 출범한다. 이를 앞두고 유력한 후계자였던 쑨정차이가 낙마하면서 권력 구도가 요동치고 있지만 시진핑 2기는 시진핑 1기에 비해 시진핑 친정 체제가 더욱 강화될 가능성이 높다는 게 합리적인 전망이다. 중국 권력 투쟁의 속성상 유력 정치인의 낙마는 남아 있는 정치인의 입지 강화로 연결돼왔기 때문이다.

그런 의미에서 2012년 11월 제18차 당대회를 앞두고 유력 정치인이던 보시라이 전 충칭 당서기가 갑작스럽게 낙마한 사건을 되돌아보는 것은 앞으로의 중국 권력 구도를 예측하는 데 큰 도움이 된다.

낙마할 당시 보시라이는 지금의 쑨정차이와 마찬가지로 당 정치국 위원이었지만 인지도나 혈통 측면에서 훨씬 유력한 정치인이었다. 그는 랴오닝성 성장과 상무부 부장_{장관}을 거치면서 특유의 리더십과 쇼맨십으로 이미 스타 정치인 반열에 올라 있었다. 또한 그의 부친은 중국공산당

보시라이 전 충칭 당서기(가운데)가 부인 구카이라이, 아들 보과과와 함께 관광지에서 다정한 한때를 보내고 있는 모습.

8대 혁명 원로 중 한 명으로 부총리까지 지냈던 보이보薄一波였다. 혁명 원로 자제들 그룹을 일컫는 이른바 '태자당太子黨' 내에서도 보시라이는 눈에 띄는 인물이었다.

법원에서 무기징역형을 받고 현재 베이징 친청교도소에 수감 중인 보시라이의 낙마 과정은 마치 한 편의 드라마처럼 극적이다.

보시라이 사건의 신호탄은 2012년 2월 3일자 일부 홍콩 언론의 보도였다. 왕리쥔王立軍 충칭 부시장 겸 공안국장이 돌연 공안국장 업무에서는 손을 떼고 대신 부시장으로서 교육과 지식재산권, 체육 등 업무를 맡을 것이라는 보도였다. 당시 왕리쥔은 충칭에서 범죄와의 전쟁을 주도하며 '치안 영웅'으로 불렸던 데다 거물급 정치인 보시라이의 오른팔이었다는 점에서 갑작스러운 그의 좌천은 매우 이례적인 것으로 받아들여졌다. 보시라이는 2007년 상무부장을 마치고 충칭 당서기로 이동할 때 랴오닝성 진저우錦州 공안국장이던 왕리쥔을 데리고 와 몇 계단의 직급 상승을 통해 그에게 요직을 맡겼던 상황이었다. 그는 보시라이가 주도하던 홍색운동의 최전선에서 범죄와의 전쟁을 벌였고, 당시로서는 이례적으로 원창文强 충칭 사법국장을 체포해 사형까지 이끌어냈을 정도로 저돌적인 업무 능력과 수완을 뽐냈다.

상을 더 줘도 시원찮을 판에 권력 구도가 재편될 18차 당대회를 앞두고 왕리쥔이 좌천됐으니 그 이면에는 뭔가 말 못 할 사연이 있지 않을까 하는 것이 베이징 정가의 추측이었다.

그런 보도가 있은 지 불과 사흘 뒤 전무후무한 일이 발생했다. 하늘의 새도 떨어뜨린다는 왕리쥔이 충칭에서 자신의 차를 3시간 정도 직접 운전해 쓰촨성四川省 청두成都에 있는 미국 총영사관으로 숨어든 것이다. 그의 손에는 1급 기밀서류가 들려 있었고, 이를 무기로 미국 측에 망명을 요청했다. 묘하게도 그 다음 주는 시진핑 당시 국가부주석의 미국 방문이 예정돼 있던 때였다.

당시 미국 총영사관 주변에 경찰차량이 모여들고 심지어 장갑차까지 동원된 사실은 중국판 트위터인 웨이보 등을 통해 소상하게 세상에 전해졌다. 왕리쥔의 망명 요청에 더 놀란 쪽은 사실 미국이었다. 미국 청두 총영사는 본국에 긴급하게 보고했고, 미국 측은 중국 외교부와 긴밀하게 협의한 뒤 왕리쥔을 중국 측에 인계하는 것으로 결론을 냈다. 왕리쥔의 미국 망명이 성사됐을 경우 불어닥칠 후폭풍은 중국이나 미국 모두 부담스러웠기 때문이었을 것이다. 결국 총영사관에서 하룻밤을 보낸 왕리쥔은 중국 국가안전부 요원들에 의해 다음 날 베이징으로 압송됐다.

당시 미국과 중국 양측의 공식 발표는 짐짓 담담했다. 빅토리아 눌런드 미국 국무부 대변인은 "왕리쥔이 2월 6일 미국 총영사관을 방문해 관계자와 면담한 뒤 자신의 뜻대로 영사관을 떠났다"라고만 언급했다. 추이톈카이崔天凱 중국 외교부 부부장차관은 "이틀 전에 일어난 문제는 잘 해결됐다. 다음 주로 예정된 시진핑 국가부주석의 미국 방문에 영향을 주지는 않을 것"이라고 밝혔다.

이후 한 달여간 베이징 정가의 관심은 온통 보시라이 당시 충칭 당서 기에 쏠렸다. 그의 최측근 인사였던 왕리쥔이 왜 미국 망명을 요청했다 가 체포됐으며, 그로 인해 가을 18차 당대회에서 상무위원 진입이 유력 하던 보시라이에게는 어떤 여파가 미칠 것인가에 대한 온갖 소문이 난 무했다.

소문을 잠재운 것은 원자바오였다. 그는 전인대_{전국인민대표대회} 폐막일 에 관행적으로 해오던 총리 기자회견에서 기자가 마지막 질문으로 왕리 쥔 사건에 대한 설명을 요청하자 작심한 듯 말을 받았다. 그날은 그해 3 월 14일로 중국 최대 정치 행사 양회兩會의 마지막 날이었다. 원자바오 는 "조사가 어느 정도 진행됐다. 결과를 투명하게 공개하겠다. 현재 충칭 정부는 반드시 반성해야 한다. 왕리쥔 사건에서 교훈을 얻어야 한다"고 일갈했다. 총리가 당 정치국 위원인 보시라이를 직접 겨냥해 비판한 것 이어서 매우 이례적인 일로 받아들여졌다.

원자바오의 기자회견 발언이 고도로 준비된 것이었음은 다음 날 바로 확인됐다. 당 중앙위원회가 충칭 당서기였던 보시라이를 3월 15일자로 전격 해임한 것이다. 불과 며칠 전까지만 해도 양회에 참석해 남 보란 듯 기자회견까지 했던 보시라이는 한순간에 나락으로 떨어졌다. 이 발표를 계기로 보시라이는 사실상 연금 상태에 들어갔다.

다시 한 달 가까이 지난 4월 10일 밤 관영 신화통신과 CCTV는 충격적인 내용의 기사 2건을 동시에 보도했다. 하나는 당 중앙위원회가 보시라이의 당 정치국 위원 직위를 중지하고, 중앙기율검사위원회에서 사건을 입안해 조사하기로 결정했다는 것이었다. 동시에 보시라이가 심각한 당 규율 위반 혐의를 받고 있다고 덧붙였다. 언제나 그랬듯 중국에서 당 규율 위반은 부정부패를 저질렀음을 가리킨다.

사실 그에 대한 공식 조사 개시는 충칭 당서기에서 낙마했을 때부터 예상되던 일이었다. 더 놀라운 보도는 따로 있었다. 보시라이의 부인 구카이라이谷開來가 전년도인 2011년 11월 13일 영국인 닐 헤이우드를 독살했다는 발표였다. 구카이라이가 보시라이의 집사인 장샤오쥔張曉軍과 함께 살인을 저질렀다는 사실도 확인했다. 당국은 이미 그들을 고의 살인 혐의로 사법기관에 이송한 직후였다.

당국은 범행 동기에 대해 "구카이라이와 그의 아들, 닐 헤이우드는 과거에 좋은 관계를 유지했지만 경제적 이익 문제로 마찰이 생겨 관계가 악화됐다"라고만 밝혔다.

왕리쥔의 미국 망명 시도부터 구카이라이의 살인죄 적용 그리고 보시라이에 대한 당 조사 발표에 이르기까지의 과정은 두 달 만에 급속히 전개됐다. 이후에는 당의 조사와 검찰의 기소 등 절차를 거쳐 관계자들 모두가 사법 처리되는 수순을 밟았다.

구카이라이가 가장 먼저 2012년 8월 살인 혐의로 사형유예 선고를 받았다. 무기징역형과 사형의 중간에 해당하는 형벌이다. 왕리쥔은 같은 해 9월 모반 및 뇌물수수 등 혐의로 징역 15년형을 선고받았다. 이후 보시라이에 대한 검찰의 공식 조사가 개시됐고, 그로부터 1년 뒤인 2013년 9월 1심 법원은 그에게 무기징역형을 선고했다. 그에게 적용된 죄목은 뇌물수수와 공금횡령, 직권남용 등이었다. 법원은 동시에 정치권리의 종신 박탈과 재산 몰수 등을 함께 선고했다. 보시라이는 항소했지만 다음 달 열린 2심에서도 무기징역형이 그대로 확정됐다. 중국은 우리나라와 달리 2심제를 운영하고 있다. 보시라이는 그렇게 중국 역사의 뒤안길로 사라졌다.

남편을 파멸로 몬
구카이라이의 살인

—   중국 정가의 풍운아 보시라이를 평생 감옥에서 썩히는 것으로 끝난 막장 드라마는 그의 부인 구카이라이가 영국인 닐 헤이우드를 독살한 것에서 시작됐다. 당 정치국 위원의 아내이자 잘나가는 변호사로 부러울 것이 없던 구카이라이가 닐 헤이우드를 살해한 이유는 무엇이었을까. 왕리쥔은 왜 미국으로의 망명을 시도하는 무모한 짓을 벌인 것인가. 그리고 가을 정권 교체와 권력 구도 재편이라는 중대사를 앞두고 있던 보시라이는 왜 왕리쥔을 단속하지 못하고 함께 나락으로 떨어지는 운명을 맞이했던 것일까. 전부가 미스터리하다.

　중국 당국의 공식 발표는 위의 질문에 속 시원한 답을 내놓지 못했다.

당국의 발표와 홍콩 및 해외에서 운영되는 중국 언론의 보도 내용을 종합적으로 보고 판단하는 수밖에 없다. 특히 홍콩의 명경明鏡이나 미국에 서버를 두고 있는 보쉰博迅 등 언론은 중국 정가 내부 소식을 의외로 정확하게 보도하고 있음이 수많은 사례를 통해 확인된 바 있다. 이들의 보도를 참고해 스토리를 재점검하는 것은 단순한 추정 이상의 근거가 있다고 볼 수 있다.

먼저 구카이라이와 닐 헤이우드는 사업상 파트너이자 연인 관계였던 것으로 보인다. 둘이 사업적으로 관계가 있었음은 중국 당국의 발표 중 "경제적 이익 문제로 마찰이 생겼다"는 부분에서도 확인된다. 닐 헤이우드는 중국 전문가로 활동하면서 외국 기업의 중국 투자 등에 관해 컨설팅하는 역할을 많이 했고, 잘나가는 변호사이자 고위직 부인인 구카이라이는 외국 기업을 상대로 하는 투자자문 회사를 운영했으니 서로 도움을 주고받았던 것으로 보인다.

둘이 연인 관계였다는 사실을 처음 제기한 것은 영국 언론이었다. 〈더 타임즈〉는 "둘이 연인 관계였다"는 관련자들의 증언을 상세하게 보도한 적이 있다. 그중 한 관련자는 "둘은 계단을 오르고 있었는데, 뒤에 있던 닐 헤이우드가 구카이라이의 엉덩이를 꼬집었다. 단순한 친근함 이상의 표현이었다"고 말하기도 했다.

구카이라이는 보시라이가 랴오닝성장에 오르기 직전인 2000년 영국으로 이사해 합작 회사를 차렸다. 그녀는 같은 시기 중학생이던 아들 보과과薄瓜瓜를 영국의 명문 해로스쿨Harrow School에 입학시켰다. 이때 구카이라이는 영국 잉글랜드 남부 해변 휴양도시인 본머스의 한 아파트에 살았는데, 닐 헤이우드가 이곳을 자주 드나들었다는 것이다. 헤이우드가 이 집의 실질적인 임차인으로 구카이라이와 동거하는 사이였다는 추측도 있다. 어쨌든 여러 증언을 종합하면 구카이라이가 영국으로 이주할 당시 보시라이와는 부부 관계가 상당히 악화된 상태였던 것은 확실해 보인다.

사실 보시라이와 구카이라이는 떠들썩한 러브스토리를 뽐내며 재혼한 사이였다. 보시라이의 첫 부인은 문화대혁명 때 보시라이가 공장 노동자로 일하며 고초를 겪던 시절 만나 결혼한 여자였다. 그러나 보시라이는 문화대혁명이 끝나고 베이징대를 졸업한 뒤 관리로 출세 가도를 달릴 때 베이징대 법대를 졸업한 젊은 변호사 구카이라이를 만났다. 구카이라이 역시 보시라이와 마찬가지로 부친이 항일전쟁 영웅이자 인민해방군 총정치부 부주임少將을 지낸 구징성谷景生 장군으로 명문가 출신이었다. 보시라이는 세상을 떠들썩하게 했던 이혼 소송 끝에 첫 부인과 헤어지고는 구카이라이와 결혼에 골인했다. 그러나 보시라이가 워낙 여성 편력이 심하다 보니 부부 관계가 원만하지 못했다고 한다. 그런 상황에서 구카이라이가 영국으로 이주해 7년간 거주하면서 자신의 뒤를 봐주던 닐 헤이우드와 연인 관계로 발전했다는 것이다. 그러나 둘이 진짜로 연인 관계였는지 법정에서 밝혀진 것은 없다. 주변 사람들의 증언과 상황적 근거로 그렇게 추정할 뿐이다.

어쨌든 구카이라이가 헤이우드를 살해한 이유가 치정 문제라기보다

는 금전적 문제 때문이었음은 분명
해 보인다. 구카이라이와 그의 아
들 보과과는 헤이우드와 함께 부
동산 투자개발 사업을 진행했다.
그런데 이 사업이 무산되자 헤이
우드는 당초 약속한 수익의 10%
인 1,300만 파운드약 190억 원를 보
상하라고 요구했고, 이때부터 양측

보시라이의 오른팔이었던 왕리쥔
전 충칭 공안국장.

간 갈등이 시작했다. 이와 관련해 헤이우드와 보과과가 주고받은 이메
일 내용이 재판부에 증거로 제출되기도 했다. 다른 한편에서는 헤이우드
가 보시라이 집안의 불법 자금 해외 이전 사실을 폭로하겠다고 협박했
다는 주장도 제기됐다. 물론 중국 법정에서 확인된 얘기는 아니다.

구카이라이 측이 헤이우드 요구를 거절하자 헤이우드가 보과과 신변
에 위협을 가한 것이 살해 동기였다는 것이 구카이라이의 주장이다. 구
카이라이는 재판 최후 진술에서 "헤이우드가 보과과 신변을 위협하고
있다는 사실을 전해 듣고 정신적 붕괴를 겪었다. 목숨을 걸고 헤이우드
의 미친 짓을 막아야 했다"고 주장했다. 만약 사건이 여기서 끝을 맺었
으면 고위직 부인의 단순 살인 사건으로 끝날 수 있었을 것이다. 그러나
왕리쥔 당시 충칭 공안국장까지 이 사건에 연루되면서 사건의 규모는
계속 커져갔다.

당국 발표에 따르면 왕리쥔은 헤이우드가 충칭 시내 호텔에서 살해된

채 발견된 직후 구카이라이의 범행 사실을 인지했으나 자신의 상사 부인인 구카이라이의 요청에 따라 헤이우드가 알코올 중독으로 사망한 것처럼 꾸미며 사건을 종결했다.

그러나 어떤 이유에선지 구카이라이와 왕리쥔의 사이에 금이 가기 시작했다. 결정적 계기는 2011년 말 사건 은폐에 가담했던 왕리쥔의 심복 4명이 불법으로 끌려가 조사를 받은 일이었다. 왕리쥔은 구카이라이가 자신의 목줄을 죄기 위한 모종의 계략을 꾸미고 있다고 판단했다. 자신의 선에서 이 사건을 덮다가는 오히려 자신이 다칠 수 있다는 염려가 들었다.

왕리쥔은 결국 2012년 1월 28일 보시라이를 찾아가 구카이라이의 살인 사건을 보고했다. 보시라이는 왕리쥔의 보고에 불같이 화를 내며 그의 뺨까지 때렸다. 사건 은폐를 지시했으나 왕리쥔이 말을 듣지 않은 것에 보시라이가 격분했다는 것이 검찰의 주장이다. 곧이어 며칠 뒤 보시라이가 왕리쥔을 공안국장에서 해임하자 왕리쥔은 생명에 위협을 느끼고 보시라이 관련 각종 기밀문서를 들고 청두에 있는 미국 총영사관으로 도주해 정치적 망명을 시도했다는 것이다.

이 대목에서 보시라이는 법정에서 다소 엉뚱한 주장을 했다. 왕리쥔이 망명을 시도한 이유는 그가 구카이라이를 흠모하던 것이 발각돼 자신에게 보복당할까 두려웠기 때문이라고 주장했다. 그러면서 자신의 아내와 왕리쥔은 아교와 옻나무처럼 관계가 깊어 서로 떼어놓을 수 없는 사이였다고 주장하기도 했다. 아내의 살인 사건을 은폐하려던 것이 결국 왕리쥔의 망명 시도로 이어졌다는 검찰의 주장을 반박하기 위한 논리였으나 법원에서 받아들여지지는 않았다.

보시라이 사건에 대한 정치적 해석

—   왕리쥔의 미국 망명 시도로 보시라이 사건이 세상에 알려지기 전부터 보시라이는 당시 후진타오 국가주석이나 원자바오 총리, 시진핑 국가부주석 등 당 핵심 지도부들로부터는 눈엣가시 같은 존재였다. 2007년 충칭 당서기로 부임한 이래 보시라이가 현지에서 펼친 행정이 당의 지침과는 상당한 거리가 있었기 때문이다. 그럼에도 현지 인민들은 보시라이에 열광했고, 자칫하다가는 그 열기가 중앙으로 번질 수 있다는 문제의식이 당에서 생겨나고 있었다.

보시라이의 행정은 '충칭모델'과 '창훙다헤이唱紅打黑'로 요약된다. 보시라이가 충칭 당서기에 부임한 직후 터진 2008년 금융위기로 중국 경제는 위기에 처하게 된다. 이때 보시라이는 덩샤오핑 이래 중국의 경제원칙인 개혁·개방의 부작용으로 생겨난 빈부 격차 확대와 부정부패 심화 등 문제를 해결하려면 국가가 경제에 적극 개입해야 한다고 주장하며 정부가 경제성장을 주도하는 충칭모델 실험에 나섰다. 창훙다헤이는 말 그대로 공산주의와 사회주의의 홍색 문화를 예찬하고, 부정부패

베이징, 상하이, 톈진과 더불어 중국 4대 직할시 중 하나인 충칭의 도심 전경.

와 조직 폭력 등을 척결해 사회적 기강을 확립하는 것을 말한다. 그는 측근인 왕리쥔 공안국장을 통해 500여 개 폭력 조직과 6,000여 명의 조직원을 검거하는 등 성과를 내면서 충칭 시민들의 열렬한 지지를 받았다.

그러나 충칭모델과 창훙다헤이 모두 후진타오 시진핑 지도부가 추구하던 경제 모델과 어긋나는 것이었다. 중국은 덩샤오핑이 흑묘백묘론黑猫白猫論, 검은 고양이든 흰 고양이든 쥐만 잘 잡으면 된다 원칙에 의거해 개혁·개방을 통한 경제성장에 사활을 걸고 있는 국가다. 정치적으로는 여전히 중국공산당 일당 체제를 기반으로 하는 사회주의를 유지하고 있지만, 마치 문화대혁명 시절 마오쩌둥을 연상시키는 창훙다헤이 정신은 국가지도부에 부담이었다. 왕리쥔 미국 망명 시도 사건 한 달 뒤에 원자바오 당시 총리가 전인대 기자회견에서 한 답변이 당의 뜻을 잘 드러냈다. 원자바오는 기자회견에서 "문화대혁명의 잔재가 아직도 완전히 해소되지 않았다. 문화대혁명과 같은 역사적 비극은 다시 발생할 수 있다. 책임 있는 당 지도자들과 당원들은 긴박감을 느껴야 한다"고 말했다. 당시에는 원자바오 발언의 속뜻을 제대로 이해할 수 없었지만, 그 뒤에 보시라이 사건이 전개된 과정을 보면 다분히 충칭 행정을 염두에 둔 것으로 해석할 수밖에 없다.

군이 분류하면 중국공산당 내에도 좌파와 우파가 있다. 좌파는 보시라이처럼 마오쩌둥 시절부터 내려온 공산주의 전통을 있는 그대로 중시하는 쪽이다. 공산당의 전통적인 국유화 모델에 방점을 찍은 경제 원칙을 강조한다. 이에 비해 우파는 공산당 전통을 중시하면서도 경제적인 측면에서는 일부 민영화와 개방이 필요하다고 보는 쪽이다. 중국 내 좌파와 우파는 뚜렷하게 구분된다기보다 어느 쪽 성향을 더 많이 갖고 있는지를 보면 되는데, 보시라이의 충칭모델이 각광받으면서 그를 중심으로 중국공산당 내 좌파들이 세력을 결집하는 모습을 보였던 것으로 파악된다. 후진타오나 시진핑 등 당 지도부는 보시라이 한 사람이 문제가 아니라 보시라이를 중심으로 좌파 세력이 결집해 개혁·개방 원칙에 따른 신중국 건설에 방해가 될 것을 우려했을 것이라는 추정이 가능하다. 문화대혁명의 트라우마가 강하게 남아 있는 당시 당 지도부들로서는 보시라이로 인해 중국이 다시 문화대혁명과 같은 정치적 소용돌이에 휘말리는 것을 염려했을 것이다.

이런 상황에서 구카이라이가 살인을 저지르고, 보시라이의 심복이 미국 망명을 시도했으니, 정권 교체를 앞두고 보시라이와 좌파 세력에 철퇴를 내리기에 이보다 더 좋은 기회는 없었다고 봐야 한다. 울고 싶은 당에 왕리쥔이 뺨을 때렸다고 해야 하나.

실제로 재판 과정에서 밝혀진 보시라이의 부정부패 혐의 내용을 보면 사실 그가 다른 당 고위직들에 비해 더 부정부패했다고 볼 만한 증거가 강하지 않다. 재판 과정에서 밝혀진 보시라이의 혐의는 쉬밍徐明 다롄스더大連實德그룹 이사장과 탕샤오린唐肖林 다롄국제발전공사 총경리로부터 받은 금품 액수가 2,179만 위안약 37억 원이고, 랴오닝성 당서기 시절 횡령한 공금이 500만 위안약 8억 4,000만 원 등 총 비리 금액이 약 45억 원 정도였다. 물론 여기에 구카이라이의 살인을 은폐하려던 직권남용 혐의가 추가됐다.

보시라이가 수수한 금품과 횡령한 금액만 놓고 보면 중국 내에서는 정말 얼마 안 되는 금액이다. 하위직 공무원이라도 마음만 먹으면 얼마든지 쉽게 부정 축재할 수 있는 정도의 금액이라는 게 중국인들의 평가다. 같은 잣대를 적용했을 때 중국에서 살아남을 고위 정치인이 누가 있을지 생각하기 어렵다는 게 공통된 중국 내부 반응이다.

정확한 내부 사정을 확인할 길은 없겠지만 어쨌든 보시라이 사건은 그 후 중국 내 다른 좌파 거물들을 줄줄이 낙마시키는 기폭제가 됐다.

동시에 제18차 당대회에서 정권을 잡은 시진핑의 권력은 날이 갈수록 강해져 갔다.

중국공산당 역사상 첫 사법 처리된 상무위원, 저우융캉

—

보시라이 사건은 중국 역사에 남을 또 하나의 대형 정치 사건을 잉태했다. 바로 후진타오 시절 상무위원으로 중앙정법위원회 서기를 역임했던 저우융캉이 사법 처리된 것을 말한다.

저우융캉의 사법 처리가 큰 반향을 불러일으킨 것은 중국공산당 역사상 상무위원을 사법 처리한 전례가 없었기 때문이다. 상무위원은 상무위원회에서 모두가 1인 1표씩을 행사하며, 똑같이 국가원수급 대우를 받는다. 저우융캉 이전까지 상무위원을 사법 처리하지 않는다는 것은 중국공산당 내부의 불문율로 통했다. 이런 원칙을 깨면서 저우융캉이 사법 처리되기까지 중국 지도부 내부에서는 엄청난 암투가 있었을 것으로 추정된다.

더구나 저우융캉은 막강한 권력을 휘두른 상무위원이었다. 그가 맡았던 중앙정법위원회 서기라는 자리는 검찰과 법원, 무장경찰 등 사법계통을 총괄하는 곳이다. 저우융캉이 상무위원 서열에서는 9위로 가장 낮았음에도 실질적인 권력과 영향력은 막강하다는 평가를 받은 배경이다.

그러나 불행히도 저우융캉은 보시라이의 오랜 후견인이었다. 시진핑으로의 권력 교체를 앞두고 저우융캉이 보시라이를 시진핑을 대신할 새로운 지도자로 내세우려 한다는 소문도 공공연히 돌았다. 특히 당이 보시라이 사건의 처리 방향을 논의했을 때 저우융캉은 다른 지도자들과 달리 보시라이에 대한 사법 처리에 강한 반대 의견을 낸 것으로 전해졌다. 심지어 그가 무장경찰과 손을 잡고 쿠데타를 모의했다는 근거 없는 소문이 돌기도 했을 정도로 그는 후진타오-시진핑으로 이어지는 주류 세력에 반기를 들었던 것으로 파악된다. 더구나 저우융캉은 중국공산당 막후에서 여전히 강한 영향력을 행사하고 있는 장쩌민 계열이다. 만약 장쩌민-저우융캉-보시라이로 이어지는 당내 보수파가 세력을 규합할 경우 시진핑은 종이호랑이로 전락할 수 있다는 위기의식을 당내 개혁파들이 느꼈을 가능성이 높다.

저우융캉은 워낙 거물이었기 때문에 그에 대한 조사가 사법 처리로 이어지기까지는 정말로 오랜 시간이 걸렸다. 당이 저우융캉을 옭아매기 위해 한 일은 그의 측근들에 대한 조사와 체포였다. 저우융캉의 정치적 기반은 석유방과 쓰촨방이다. 그는 오랫동안 석유 기업에 몸담으며 자신의 세력을 규합했다. 또한 그가 쓰촨성 당서기를 맡던 시절 함께한 세력이 쓰촨방이다.

그의 측근인 리춘청李春城 쓰촨성 부서기가 2012년 12월 당 중앙기율검사위원회에 체포돼 조사를 받기 시작한 것이 신호탄이었다. 이후 저우융캉의 비서 출신인 궈융샹郭永祥 문화예술인연합회 주석전 쓰촨성 부성장도 체포됐다. 2013년 10월 보시라이에 대한 재판이 끝나자 이번에는 석유방이 제거 대상이 됐다. 중국석유천연가스집단CNPC에서 부총경리를 지낸 왕융춘王永春과 리화린李華林 그리고 왕다오푸王道富 페트로차이나 총지질사 겸 탐사개발연구원장 등 저우융캉 측근 세력들이 줄줄이 당에 체포됐다.

저우융캉 전 중앙정법위원회 서기.

결국 저우융캉도 당 중앙기율검사위원회의 칼날을 피하지 못하고 2013년 12월 비공식적으로 체포되고 말았다. 비공식 체포는 당에서 공식적으로 체포를 발표하지는 않았지만 실질적으로 연금 상태에서 조사받는 것을 말한다. 그로부터 1년간의 집중 조사를 거쳐 저우융캉이 공식적으로 검찰에 넘겨진 것은 이듬해인 2014년 12월이었다. 중국공산당이 정치국회의를 열어 '저우융캉의 엄중한 기율 위반 사건에 대한 조사 보고'를 심의·통과시키고, 그에 대한 당적 박탈과 사법기관 이송을 결정했다고 관영 신화통신을 통해 발표한 것이다. 동시에 최고인민검찰원은 "저우융캉에 대한 조사가 법에 의거해 진행 중이며 공식 체포도 결정했다"고 성명을 발표했다.

이어 저우융캉은 2015년 6월 법원으로부터 무기징역을 선고받았다. 적용된 혐의는 뇌물수수죄와 직권남용죄, 국가기밀 고의누설죄 등이었다. 법원은 그가 아들과 처, 측근을 통해 받은 뇌물이 1억 2,977만 위안 약 220억 원에 달한다고 공식 발표했다. 동시에 보시라이와 마찬가지로 정치권리를 종신 박탈하고 개인재산 몰수 결정도 내렸다. 혹시라도 모를 추후 정치적 영향력 행사를 사전에 완벽 차단하기 위한 조치로 풀이된다.

후진타오 측근
링지화 낙마의 숨은 의미
―   시진핑은 제18차 당대회에서 최고지도자 당 총서기로 선출되기 두 달여 전에 2주간 행적을 감춘 적이 있었다. 2012년 9월 1일 중국공산당 교육기관인 중앙당교 개교식에 참석한 뒤 9월 15일 중국농업대에서 열린 '과학 대중화의 날' 행사에 모습을 드러낼 때까지 공개석상에 전혀 모습을 드러내지 않았다. 당시 권력 서열 6위인 국가부주석이자 조만간 1인자로 부상할 권력자가 아무런 설명 없이 보름 가까이 대중 앞에서 사라진 것은 누가 봐도 정상이 아니었다.

그가 베이징을 방문한 힐러리 클린턴 당시 미국 국무장관과 9월 5일 갖기로 했던 면담까지 취소하자 중국 안팎에서는 온갖 소문이 나돌았다. 암살 기도설부터 중병설, 부상설, 권력 투쟁설 등 추측만 난무할 뿐 팩트는 어디에도 없었다. 시간이 한참 흐른 뒤에야 당시 상황을 보다 그럴듯하게 추정할 수 있는 단서 하나가 나왔다. 바로 링지화 정협 부주석에 대한 당국의 공식 조사 발표가 그것이다.

시계를 당시로 돌려보자. 시진핑이 종적을 감추기 전 마지막으로 참석했던 중앙당교 개교식이 열리던 날, 중국공산당은 의외의 메가톤급 인사를 발표했다.

링지화 전 중국인민정치협상회의 부주석.

당시 최고지도자였던 후진타오의 최측근이었던 링지화가 맡고 있던 당 중앙판공청 주임 자리에 구이저우성貴州省 당서기 출신의 리잔수栗戰書를 선임한 것이다. 당 중앙판공청 주임은 당 총서기의 일상 업무를 관장하는 사람으로 한국으로 치면 대통령 비서실장과 경호실장을 겸임하는 막강한 자리다. 후진타오의 비서실장이 그가 퇴임하기도 전에 바뀐 것은 상식에 어긋나는 인사였다.

당시만 해도 리잔수에 대한 정보가 많지 않았다. 후진타오와 마찬가지로 공산주의청년단 출신인 데다 시진핑과도 가까운 사이라는 정도만 알려졌다. 권력 교체기에 양쪽 진영 모두와 친분이 있는 인사가 비서실장으로 선임된 정도로 여겨졌다. 그러나 지금 돌이켜보면 리잔수는 당시 이미 철저한 '시진핑의 남자'였다. 리잔수는 시진핑 체제 출범과 동시에 당 정치국 위원으로 발탁된 데 이어 지금까지 시진핑의 모든 공식 행사를 수행하는 측근 중의 측근이다.

그렇다면 당시 후진타오의 최측근이었던 링지화가 당 중앙통일전선 부장으로 좌천되고, 리잔수가 당 중앙판공청 주임에 발탁된 것은 후진타오를 사실상 정치적 식물인간으로 만든 인사나 다름없다는 얘기가 된다. 또한 이런 파격적 인사가 발표된 직후 시진핑이 공개석상에서 사라졌다면 두 사안이 서로 연결됐을 가능성이 매우 높다고 보는 것이 상식적이다.

당시 해외에서 운영되는 중화권 매체는 중국 권력층 내부에서 치열한 권력 투쟁이 벌어지고 있다는 기사를 내보내고 있었다. 한 매체에서는 "권력층의 회의에서 고성이 오가고, 몸싸움이 빚어지는 극도의 충돌이 벌어지는 가운데 누군가가 내던진 의자에 시진핑이 맞아 부상을 당했다"는 보도까지 나올 정도였다.

돌이켜보면 당시 링지화의 좌천은 미래 권력이었던 시진핑이 반대파에 던진 선전포고였을 가능성이 높다. 지금에서야 어느 정도 확인되고 있는 내용이지만 링지화는 시진핑 집권에 반기를 들었던 보시라이 전 충칭 당서기와 저우융캉 전 상무위원, 쉬차이허우 전 당 중앙군사위원회 부주석 등 '신新 4인방' 내에서도 핵심 인물로 지목된다. 자신의 권력을 다지기 위해 '거물' 링지화를 낙마시킨 시진핑이 고위 권력층 내부에서 용인을 받는 등 뒷수습을 하려면 적어도 2주일이라는 시간이 필요했을 가능성이 높아 보인다. 그런 과정에서 고위층 내부에서 고성과 몸싸움이 오갔을 개연성도 충분하다.

실제로 링지화의 좌천 이후 그의 부인과 형제 등 일가가 일망타진이라는 단어가 어울릴 정도로 철저히 숙청을 당했다. 그해 12월 링지화의 부인인 구리핑이 아들의 페라리 차 사고를 은폐하기 위해 공무원에게 뇌물을 순 혐의로 체포된 것을 시작으로 링지화의 남매들도 이미 세상을 떠난 큰형을 제외하고 줄줄이 철창행을 면치 못했다. 의사 출신 아버지가 신문에 자주 등장하는 용어로 이름을 지은 것으로 유명세를 타고 있던 5남매였다. 넷째인 링지화의 지화計劃는 우리말로 '계획'이다. 첫째 루셴路線은 '노선', 둘째 정처政策는 '정책', 셋째 팡전方針은 '방침', 다섯째 완청完成은 '완성'의 뜻이다.

집권 후 2년여간 강도 높은 반부패 정책으로 민심을 얻고, '신 4인방'으로 대표되는 정적 제거도 완료한 시진핑의 권력은 탄탄대로에 놓일 것이 기정사실화됐다. 링지화의 좌천이 시진핑의 권력 강화로 연결되는 것을 보면 인사 하나에도 엄청난 의미가 담길 수 있다는 사실을 새삼 깨닫게 된다.

링지화는 오랜 조사를 거쳐 2016년 7월 법원으로부터 무기징역을 선고받고, 동시에 정치 권리 박탈과 개인재산 몰수 처분을 받았다. 보시라이, 저우융캉과 같은 내용이었다. 그에게 적용된 죄목은 뇌물수수와 직권남용, 국가기밀 불법취득 등이었다. 그가 받아 챙긴 뇌물 액수는 7,708만 5,383위안약 130억 2,000만 원으로 집계됐다.

막대 아이스크림에서
중국 최대 음료 회사를 일구다

필자는 중국에서 한때 재산이 가장 많은 기업가였던 쭝칭허우(宗慶後) 와하하(娃哈哈)그룹 회장을 직접 만나 인터뷰한 적이 있다. 그는 돈이 아무리 많아도 티를 내지 않는 전형적인 중국 부자의 모습 그대로였다. 평범한 중국산 바지와 점퍼. 소박한 줄무늬 와이셔츠가 전부였다. 그가 과연 이건희 삼성그룹 회장보다도 많은 재산을 보유한 부자가 맞나 의문이 들 정도였다.

의문은 인터뷰를 진행하면서 조금씩 풀렸다. 그는 사업에 대성공을 거두고 부자가 되기는 했지만 뼛속에는 여전히 어려웠던 시절의 유전자를 그대로 간직하고 있었다. 과거의 경험을 잊지 않고 지금껏 삶의 교훈으로 삼고 있는 그는 진정 중국인들이 존경하는 민영기업가다웠다.

쭝칭허우는 어린 시절부터 호강을 모르는 아이였다. 집이 가난해 학교도 중학교까지밖에 다니지 못했다. 겨우 중학교를 졸업한 그는 가족 생계에 보탬을 주기 위해 농장과 차밭 등을 오가며 힘든 노역을 했다. 가난은 그의 곁을 떠나지 않았다. 30대에 접어들어서는 시골에서 벗어나 저장성 주요 도시에서 세일즈맨으로 일하면서 생계를 유지했다. 먹고살기 힘든 것은 마찬가지였다.

젊은 시절을 그럭저럭 보내던 그는 사업에 손을 대면서 시대의 흐름을 제대로 타게 된다. 1970년대 후반부터 시작된 개혁·개방이 1980년대 후반부터 꽃을 피우기 시작하자 그에게 기회가 찾아왔다. 쭝칭허우는 "개혁·개방이 진전되면서 합법적으로 사업을 할 수 있게 된 것이 나에겐 행운이었다"고 술회했다.

당시 중국은 마오쩌둥의 대약진운동과 문화대혁명의 잇단 실패 여파로 경제적으로 물품이 부족한 시대였다. 그만큼 창업할 수 있는 기회가 많았다. 그는 "돈이 없어서 맨손으로도 쉽게 할 수 있는 일을 찾았는데 그게 바로 막대 아이스크림 사업이었다"고 말했다. 1987년, 그의 나이 42세 때였다. 그가 친구 2명과 함께 은행에서 대출받은 14만 위안(약 2,400만 원)이 종잣돈이 됐다. 쭝칭허우는 "아이스크림을 집집마다 배달해주는 서비스를 하다 보니 이윤이 많지 않았지만 그래도 사업 첫해 10만 위안(약 1,700만 원)을 벌었다"고 말했다.

그는 사업 2년 차에 접어들면서 건강식품 분야로 영역을 확대했다. 당시는 자녀들의 편식과 영양 부족 등 문제로 인해 건강에 대한 관심이 막 높아지기 시작하던 때였다. 쭝칭허우는 식품 분야 최고 전문가를 초빙해 어린이용 건강 영양액을 개발했다. 어린이 식욕 회복과 성장에 도움을 주는 식품이었다. 출시 첫해 490만 위안(약 8억 3,000만 원)의 매출을 올리더니 이듬해는 매출이 2,700만 위안(약 45억 6,000만 원)으로 껑충 뛰었다.

매출이 쑥쑥 늘어나면서 그는 어린이용 식품의 잠재력에 눈을 떴다. 쭝칭허우는 1989년 항저우에 공장을 세우고 '와하하(娃哈哈. 어린아이가 하하 웃는다는 뜻)'라는 브랜드로 어린이용 음료수를 만들어 팔기 시작했다. 와하하는 당시 유행하던 동요 제목이었다. 그는 "와하하라는 이름이 친숙하고 좋아서인지 출시하자마자 공급이 수요를 따라가지 못할 정도로 판매가 잘 됐다"고 말했다. 당시 공장은 종업원 100명 정도 규모였지만 생산량이 턱없이 부족해 공장을 늘려야 할 처지가 됐다. 그러나 당시 중국은 여전히 계획경제 시대였기 때문에 공장을 확장하는 일이 쉽지 않았다.

쭝칭허우는 고민 끝에 인근에 있는 국유기업 한 곳을 인수하기로 결정했다. 적자에 허덕이던 통조림 공장을 800만 위안(약 13억 5,000만 원)에 사들인 그는 종업원 2,000명도 함께 인수하는 결단을 내렸다. 당시만 해도 공장과 종업원을 동시에 인수한다는 것은 좀처럼 찾아보기 힘든 M&A 사례였다.

워낙 대규모 공장을 인수한 탓에 가동률을 높이기 위해 새 제품을 출시해야 했다. 이때 그가 고안해낸 제품이 바로 과즙우유다. 우유가 어린이들 건강에 좋다는 것은 누구나 알고 있었지만 당시만 해도 어린이들은 우유 맛에 익숙하지 않았다. 여기에 달콤한 과즙을 첨가해 어린이들이 쉽게 찾을 수 있도록 만들었다. 결과는 대성공이었다. 공장을 인수한 지 불과 3개월 만에 흑자로 돌려놓는 데 성공했다. 와하하그룹은 이후 승승장구했다. 내놓는 제품마다 번갈아 히트를 치면서 중국 최대 음료 회사로서의 입지를 굳혀나갔다.

제4부

중국공산당의
비밀

중국공산당의
놀라운 정치력

중국공산당의 교묘한
프로파간다

—   중국에 살면서 중국공산당의 존재를 실감
할 기회는 의외로 많지 않다. 중국공산당원이 주변에 널린 것도 아니고,
중국공산당이 일상생활을 제약하는 것도 없기 때문이다. 경제적으로는
중국이 한국보다 오히려 더 자본주의적이라고까지 평가될 정도이니 두
말할 나위가 없다.

그런데 중국공산당의 존재를 실감할 때가 있으니 바로 대형 사고나
재해 발생 때다. 이 경우 사고나 재해 현장으로 총리가 곧바로 달려가
수습을 진두지휘하는 것이 일상화돼 있는데 전문가들은 이를 고도의 선
전Propaganda, 프로파간다 활동으로 파악한다.

2015년 6월 중국판 세월호 사건으로 불리는 양쯔강 여객선 침몰사건 때도 그랬다. 당시 양쯔강 중류 후베이성湖北省 젠리현監利縣 부근을 지나던 여객선 둥팡즈싱東方之星호가 갑자기 불어닥친 회오리바람에 중심을 잃고 뒤집히며 침몰했다. 배 안에는 승객 405명, 여행사 직원 5명, 선원 46명 등 총 456명이 타고 있었지만 순식간에 벌어진 사고에 조난신호조차 제대로 보내지 못했다. 사고 직후 경비정과 어선 등 100여 척이 몰려들어 생존자 구조에 나섰지만 초기 단계에서 구조된 14명을 제외한 442명이 사망 혹은 실종됐다.

이때 리커창 총리는 마카이馬凱 부총리와 함께 곧바로 현장으로 출동해 구조 작업을 진두지휘했다. 시진핑이 '국무원 중심의 사고 대책 강구' 지시를 내림과 동시에 총리가 출동했다. 덕분에 구조 작업에 대한 의사결정이 빠르게 이뤄질 수 있었다. 선체 바닥이 뒤집어져 더 이상 승객들의 생존 가능성이 낮아진 것으로 판단한 구조 당국은 사고 발생 72시간이 지나자 수색을 포기하고 곧바로 인양작업을 시작했다. 크레인 3대와 군부대 요원 등 5,000명을 투입한 인양작업은 12시간 만에 완료돼 시신 유실을 최소화할 수 있었다.

2013년 4월 쓰촨성 야안雅安 루산蘆山현에서 지진이 일어났을 때는 프로파간다가 무엇인지 그 진수를 볼 수 있었다. 토요일 오전 8시께 지진이 발생하자마자 CCTV는 곧바로 특별 재해방송을 편성했다. 뉴스 앵커들은 능숙한 솜씨로 생방송을 여유 있게 이끌었고, 현장에서 입수된 화면은 지진의 참상을 적나라하게 보여주었다. 당국의 대응도 놀라울 정도로 민첩했다. 중앙 정부와 지방 정부, 인민해방군 등은 일사불란하게 인명 구조와 물자 공급, 피해 복구에 나섰다. 5년 전 8만 7,000명의 목숨을 앗아간 쓰촨대지진을 통해 많은 경험을 축적한 것도 도움이 됐을 것이다.

방송을 보면서 외국인의 눈에 영 거슬리는 것이 있었으니 바로 지도부에 대한 동정 보도였다. CCTV는 특별방송 중간중간 시진핑이 "구조에 총력을 기울여 인명 피해를 최소화하라고 관계 기관에 지시했다"는 통지 내용을 반복적으로 보도했다. 똑같은 내용의 통지를 거의 매시간 반복적으로 읊어대는 모습에서 얼핏 1960년대 문화대혁명 시절 마오쩌둥 어록을 반복적으로 외우도록 강요당했던 때가 떠올랐다면 과장일까.

경제를 주관하는 리커창에 대한 보도 행태는 더 심했다. 지진이 발생하고 불과 5시간 만에 전용기에 올라 지진 피해 현장으로 달려가는 리커창의 일거수일투족이 거의 실시간으로 중계됐다. 베이징 공항에서 급박하게 전용기에 오르는 모습부터 기내에서 커다란 지도를 펴놓고 왕양汪洋 부총리를 비롯한 수행원들에게 지시하는 모습, 쓰촨성 청두 공항에 내려 곧바로 헬기로 옮겨 타는 모습 등이 생중계되다시피 전파를 탔다.

화면 속의 리커창을 보면서 생경했던 몇 가지 장면이 떠오른다. 우선 긴박한 상황에서 전용기 앞에 놓였던 레드 카펫이 심하게 거슬렸다. 행사장에서도 레드 카펫 사용을 금지하는 공직자 8항 규정이 발표된 지 얼마 되지 않았는데도 말이다. 전용기가 막 활주로를 박차고 오르는 순간에도 관계자들은 안전벨트를 매고 자리를 지킨 것이 아니라 총리 주변에 빙 둘러서서 지시를 듣고 있었다. 그 모습에서도 왠지 긴박감보다는 연출 효과가 더 느껴졌다.

지진 발생 다음 날 리커창이 현장에서 아침 식사를 하는 한 장의 사진은 극적인 효과를 제대로 살렸다. 허름한 천막 안에서 작은 원탁을 앞에 두고 등받이도 없는 간이 의자에 앉아 죽 한 그릇과 장아찌 한 봉지, 생수 한 병으로 식사를 하는 총리의 모습은 충분히 감동적이었다. 출처도 없는 이 사진은 인터넷 웨이보를 통해 중국 전역으로 빠르게 확산됐다.

당국의 의도대로 인터넷에서는 네티즌들의 찬사가 이어졌다. 한 네티즌은 "인민과 고난을 함께하면서 재해 극복 일선에 나선 훌륭한 총리에게 경의를 표한다"는 댓글까지 달았다. 측근 수행원이 핸드폰으로 찍었을 것으로 추정되는 이 사진은 어떤 정책과 수사보다도 효과 만점이었다.

이쯤 되면 당 중앙선전부의 교묘한 프로파간다 전략에 놀라지 않을 수 없다. 선전부가 당과 정부, 지방 간부 인사를 총괄하는 조직부와 함께 중국공산당의 양대 핵심 조직으로 통하는 이유를 알 만하다.

사실 현대적 의미의 프로파간다 대가는 전임자인 원자바오였다. 원자바오는 임기 10년간 각종 재난재해 현장을 빠짐없이 찾아다니며 '서민 총리' 이미지를 굳히는 데 성공했다.

그러나 원자바오는 그렇게 포장된 이미지와 달리 내부적으로 많은 비판에도 시달렸다. 가족들이 거액의 재산을 소유하고 있는 것이 기정사실로 받아들여진 데다 본인도 개혁을 말로만 외쳤을 뿐 제대로 실천한

게 뭐냐는 비판에서 자유롭지 못했다. 이것이 TV 화면 속에서 서민들과 함께 늘 인자한 웃음을 지어 보이던 원자바오를 두고 '이 시대 최고의 연기자'라고 폄하하는 사람이 적지 않은 이유다.

국가의 통치력을 극대화할 수 있는 프로파간다를 무조건 나쁘다고 비판해서는 안 된다. 다만 사실을 호도해 실체를 숨기려는 의도는 반드시 경계해야 할 대상이다. 과연 리커창은 겉과 속이 같은 총리로 오래도록 인민의 가슴속에 남을 것인지 지켜볼 일이다.

되살아난 자아비판

—   중국이 공산당 국가임에는 틀림없는 모양이다. 경제적으로 미국 뺨치는 자본주의를 표방하고 있음에도 '자아비판自我批判'이 횡행하고 있으니 말이다.

중국에서는 느닷없이 자아비판 열풍이 불고 있다. 진원지는 중국의 최고지도자 시진핑이다. 시진핑은 2013년 9월 허베이성에서 열린 지역 중국 공산당 집회에서 "비판과 자아비판은 당내 문제를 해결할 수 있는 유력한 무기인 만큼 상호비판과 자아비판을 활성화하자"고 말했다. 리커창과 함께 상하이 자유무역지대FTZ를 출범시키는 등 경제적으로는 개혁 성향이 강한 시진핑이 정치적으로는 유난히 '복고'를 선호하고 있는 것이다.

시진핑이 자아비판을 강조한 배경은 충분히 이해가 된다. 그가 벌이고 있는 반부패 개혁의 추동력을 더욱 강하게 얻기 위한 목적이 크다. 시진핑이 집권한 이후 많은 고위 관료들이 비리 혐의로 조사와 재판을 받았지만, 중국에서 뿌리 깊은 부정부패를 근절하기까지는 여전히 갈 길이 멀다. 여기에 그가 제시한 4대 악풍 즉 형식주의, 관료주의, 향락주의, 사치풍조까지 근절하려면 자아비판이 아니라 그보다 더 심한 것을 동원해도 부족한 것이 중국의 현실이다.

자아비판이 처음부터 부정적인 뉘앙스를 갖는 용어는 아니었다. 중화인민공화국 건립의 토대가 됐던 혁명 투쟁 시기에는 중국공산당이 국민당을 누르는 데 있어서 유력한 실천 도구가 바로 자아비판이었다. 마오쩌둥은 "진정한 자아비판이 중국공산당을 국민당과 차별화시킨다"며 자아비판을 독려했다. 문제가 생기면 국민당은 남을 비난하기에 바빴지만 중국공산당은 스스로 반성하고 자신에게서 문제를 찾았기 때문에 승리할 수 있었다고 역사는 평가한다. 자신에게 비판의 화살을 돌릴 수 있는 사람만이 다른 사람을 비판할 자격이 있다고 여겼다. 중국인들 대다수가 신新 중국을 일궈낸 마오쩌둥을 존경하는 것과 마찬가지로 자아비판도 소중한 이념으로 받아들여야 논리적으로는 마땅하다.

그러나 신 중국이 건설된 이후의 자아비판이 애초의 순수성을 완전히 잃어버린 것이 문제였다. 마오쩌둥이 자신의 권력을 위협할 잠재적 경쟁자를 제거하고, 정책 실패에 대한 책임을 다른 사람에게 전가하기 위한 권력 투쟁 수단으로 자아비판을 활용한 것이다. 1960년대 문화대혁명 시절엔 홍위병이 당국에 비협조적인 사람들을 처벌하기 위한 수단으로 자아비판을 활용했다.

시진핑의 아버지 시중쉰習仲勛도 당시 '반당분자'라는 푯말을 목에 걸고 하루 종일 자아비판을 하는 치욕을 겪었다. 이후로 중국인들에게 자아비판은 두려움의 존재가 됐다. 그런데 역사 속으로 사라질 것처럼 보였던 자아비판을 다시 살려낸 것이 시중쉰의 아들 시진핑이라는 것 자체가 대단한 모순이 아닐 수 없다. 오히려 시진핑이 그런 아픔을 직접 경험한 지도자이기 때문일까. 시진핑의 한마디는 빠른 속도로 중국 전역에 위력을 떨치고 있다. 지방 정부 지도자들이 앞다퉈 자아비판에 나서고 있는 모습이다. 시진핑의 자아비판 선언 직후 후난성 당 핵심 간부들은 이틀 일정으로 좌담회를 개최한 자리에서 자아비판의 시간을 가졌다. 쉬서우성徐守盛 후난성 당서기가 먼저 나서서 "통계 수치를 좋게 보이려고 때로는 정확성을 충분히 검증하지 않은 보고서에 결재했다"고 고백했다. 두자하오杜家毫 후난성 성장은 "성장에 오른 뒤 하급 관리들과 제대로 소통하지 못했다"고 털어놨다.

중국에서는 이처럼 자아비판을 하는 행사에 민주생활회라는 이름을 붙이고 있다. 자아비판과 상호비판을 통해 사상과 업무 작풍을 점검하는 회의다. 이런 자아비판은 25명의 중국 최고 지도부인 당 정치국 위원들도 예외는 아니다. 시진핑을 포함한 당 정치국 위원들은 2016년 12월에도 늘 그랬듯이 민주생활회를 열어 자아비판을 하면서 한 해를 마무리했다.

시진핑의 후계자로까지 거론되다가 낙마한 쑨정차이도 낙마가 확정되기 4개월 전 민주생활회에서 자아비판을 해야 했다. 그는 충칭 당 상무위원회 주최로 열린 민주생활회에 참석해 "보시라이 전 충칭 당서기와 왕리쥔 전 충칭 부시장의 해악을 제대로 정리하지 못했다"고 자아비판을 했다.

쑨정차이가 자아비판을 한 사실이 알려졌을 때 이미 베이징 정가에서는 그에게 정치적으로 큰 흠결이 생겼고, 결국 예상과 달리 차기 상무위원 진입이 어려워질 수 있다는 소문이 파다하게 돌았다. 결국 시간이 지나 그의 낙마는 기정사실로 확인됐다.

자아비판이 엉뚱한 곳에서 행해진 사례도 있다. 성매매 혐의로 체포된 중국의 유명 블로거의 공개적 자아비판이 그것이다. 주인공은 중국계 미국인 사업가 쉐만즈薛蠻子다. 지난 2007년부터 중국에 거주하고 있는 그는 창업 준비생을 지원하는 것으로 유명한 파워 블로거다. 팔로워가 무려 1,200만 명에 달했다.

그는 성매매 혐의로 체포됐지만 엉뚱하게도 경찰에서 "나는 온라인의 영향력이 커지면서 허영심이 많아졌고, 많은 사안에서 인터넷 사용자들을 오도했다. 다른 유명 인터넷 블로거들도 내 경험을 거울 삼아 각성하기를 바란다"고 말했다. 그의 발언은 관영 신화통신과 CCTV 등을 통해 주요 기사로 보도됐다. 당국이 그를 잡아들인 배경을 충분히 의심하고도 남을 만한 대목이다.

강력한 조직과 인사,
학습의 위력
—   중국을 이해하려면 중국공산당을 잘 알아
야 한다. 당을 모르면서 중국을 안다고 말한다면 허풍일 가능성이 매우
높다. 중국이 14억 명에 달하는 거대 인구로 구성돼 있지만 실제로 중국
을 움직이는 사람은 8,900만 당원이기 때문이다. 전체 인구의 6.4%에
불과하다. 이들이 중국이라는 거대 국가를 어떻게 통치하는가를 파악하
는 것이 핵심이다.

여러 가지 분석의 틀이 있겠지만, 당의 통치 비결을 가장 단순화하면
전국 단위 세포 조직과 치열한 인사시스템, 그리고 당원들의 학습시스
템이라고 감히 말할 수 있다.

당을 세포 조직으로 보는 이유는 중국의 정부 단위와 기관, 기업 등 모
든 조직이 내부에 설치돼 있는 당 위원회를 중심으로 상하좌우로 연결
돼 있기 때문이다. 예컨대 중국 최대 은행인 공상은행 내에도 은행을 경
영하는 조직과는 별도로 당 조직이 있다. 국유은행장은 대부분 당원 중
에서 선임되기 때문에 행장이 당 위원회 서기를 겸임하게 된다. 정부도
마찬가지다. 중국 상무부 최고 책임자는 부장 즉 장관이다. 공직자들의
경우 대부분 당원이기 때문에 장관이 당 위원회 서기를 겸하게 된다. 상
무부 내에는 정부 조직과 별도의 당 위원회 조직이 만들어져 있다. 중국
공산당에서 결정한 내용이 상무부라는 정부 조직에서 제대로 수행되고
있는지를 상무부 내 당 위원회 조직에서 상시적으로 점검하고 필요할

경우 별도의 라인으로 보고가 올라가게 된다.

만약 어떤 기관의 최고 책임자가 당원이 아닌 경우는 부책임자가 당 위원회 서기를 맡는 경우가 많다. 이때 해당 기관의 경영은 최고 책임자가 맡고, 당의 지시를 따르는 부책임자가 최고 책임자를 견제하는 역할을 하게 된다. 최고 책임자가 당의 지시를 제대로 이행하지 않는다면 부책임자에 의해 상부에 보고돼 곤욕을 치를 수 있다.

당에서 결정한 내용은 모든 조직 내 당 위원회를 통해 순식간에 전국으로 퍼져나간다. 이렇게 전달된 당의 지시와 명령은 의사 결정 과정에서 최우선이 된다. 인구 14억 대국의 일사불란한 움직임은 여기에 기반을 둔다.

지도자를 선발하는 당의 인사시스템도 놀라울 정도로 탄탄하다. 당원이 중앙의 지도자급으로 성장하기 위해서는 기층에서부터 상층에 이르기까지 수많은 단계의 검증을 거치게 된다. 단 한 번의 선거, 또는 단 한 번의 낙점으로 순식간에 지도자 반열에 오를 수 있는 한국과는 비교하기 어려운 객관성이 담보된다.

인사 검증의 방식도 우리와는 사뭇 다르다. 누구를 되게 하는 시스템이라기보다는 문제가 있는 사람을 걸러내는 시스템이 기본이다. 예컨대 중국공산당 최고의결기구인 중앙위원회의 위원370여 명 선출 과정을 봐도 그렇다. 중앙위원은 5년마다 열리는 당대회에 참석한 2,300명의 전국 대표들이 투표를 통해 선출한다. 이때 전국 대표들이 받게 되는 투표용지에는 선출하려는 중앙위원 수보다 10% 정도 더 많은 후보들 명단이 적혀 있다. 전국 대표들은 이들 명단 중 중앙위원 선임에 반대하는 후보에 표기를 한다. 이런 식으로 해서 가장 많은 반대표를 받은 사람부터 탈락시킨 뒤 나머지를 중앙위원으로 선출한다. 될 사람을 미는 것이 아니라 되서는 안 될 사람을 골라내는 방식으로 중앙위원을 최종 선출하는 것이다. 이런 방식의 투표가 기층에서부터 상층에 이르기까지 연쇄적으로 이뤄지기 때문에 흠결이 있는 사람은 위 단계로 올라가지 못한다.

여기에 더해 참으로 놀라운 부분 중 하나가 바로 고위 당 지도자들에 대한 교육과 학습이다. 그중에서도 단연 눈에 띄는 것은 당 정치국 위원들 중심으로 이뤄지는 집체학습이다. 당 정지국 위원이라 하면 중국공산당의 최고의사결정기구인 중앙위원회의 370여 위원들이 호선을 통해 선출한 25명의 지도자를 말한다.

국가주석을 맡고 있는 시진핑 당 총서기와 리커창 등 총 7명의 당 상무위원도 당 정치국 위원 중에서 선출된다. 당의 핵심 부서라고 할 수 있는 조직부장_{인사담당}, 선전부장_{언론담당}을 비롯해 부총리급 이상 정부 고위층, 그리고 베이징과 상하이, 톈진, 충칭, 광둥성 등 대형 지방 정부 당서기가 당 정치국 위원 중에서 선임된다. 인민해방군의 실질적 책임자인 당 중앙군사위원회 부주석 2명도 포함된다.

당 정치국 위원들이야말로 중국을 움직이는 실세라고 할 수 있다. 이들이 거의 매월 한 차례씩 모여 수 시간 동안 '집체학습'의 시간을 갖는다는 사실을 자유민주국가에서 이해할 수 있을까. 이들은 집체학습을 통해 핵심 사안에 대한 인식을 공유한다. 집체학습이 어떻게 진행되는지는 CCTV 등 방송 뉴스를 통해 그 일면을 접할 수 있다.

대개 이런 식으로 진행된다. 25명의 당 정치국 위원들이 중앙에 위치한 타원형의 원탁에 둘러앉는다. 맨 앞 가운데 사리한 시진핑이 발언을 하면 참석자들 모두가 열심히 메모를 한다. 리커창과 장더장張德江 전인대 상무위원장 등 권력 서열 2, 3위도 예외가 아니다.

집체학습 대상자는 기본적으로 당 정치국 위원이지만 실제 참석자는 이들의 범주를 넘어선다. 당 정치국 위원이 앉은 원탁 주변으로 약 50여 명의 당 고위 간부와 전문가들이 겹겹이 자리를 차지하고 있다. 외교부와 국방부, 공안부 등 주요 부처 장관들은 물론이고 금융 정책을 총괄하는 인민은행장도 참석한다. 사법부를 관할하는 최고인민법원장과 최고인민검찰원 검찰장도 당연히 자리를 지킨다.

여기서 다루는 주제는 다양하다. 방송에 소개된 내용은 윈난성에서 발생한 칼부림 테러 사건과 관련한 테러 대처 방안이었다. 시진핑은 이날 특유의 비유를 동원해 "쥐가 보이면 모든 사람들이 때려잡아야 한다고 소리쳐 잡는 것처럼 테러 세력들도 그렇게 만들어버려야 한다"며 전 국민의 관심을 유도했다.

2017년 1월 열린 새해 첫 집체학습은 '공급 측 구조 개혁'을 주제로 열렸다. 공급 측 구조 개혁이란 국유기업의 과잉 생산 해소를 목표로 하는 개혁이다.

이 자리에서 시진핑은 "공급 측 구조 개혁을 통해 중국 경제가 더 높은 품질로, 더 효율적으로, 더 공평하게, 더 지속가능한 방향으로 발전할 수 있도록 해야 한다"고 말했다.

이런 식으로 시진핑 지도부가 집체학습을 가진 횟수는 지난 2012년 11월 새 지도부 출범 이후 2017년 1월까지 38회에 달했다. 51개월간 38회를 개최했으니 평균적으로 1.3개월에 한 차례씩 집체학습을 가진 것이다. 후진타오 지도부 2기 5년간 총 33회, 평균 1.8개월에 한 번 실시된 것보다 늘어난 수치다. 집체학습을 처음 도입한 것이 후진타오였음을 감안하면 이채로운 결과다.

집체학습은 후진타오가 당 총서기로 선출된 다음 달인 2002년 12월 당 정치국 위원들을 상대로 시작한 것이 시초였다. 당시 첫 모임의 주제는 중화인민공화국 헌법이었다. 일반적으로 집체학습을 하기 위해서는 4개월 전부터 주제와 관련 전문가를 선정해 준비에 들어가는 것으로 알려져 있다.

시진핑은 첫 집체학습을 '18차 당대회 정신 관철'을 주제로 실시한 이래 그동안 개혁·개방, 법치, 부정부패 척결, 생태문명, 해양강국, 혁신, 주택 시장 등 다양한 주제로 주재했다. 지도자들이 가장 열심히 공부하는 나라가 아마 중국이 아닐까 싶다.

시진핑,
무소불위의 권한을 갖다

—   시진핑이 후진타오와 달리 막강한 권력자
로 부상할 것이라는 전망은 일찌감치 예견된 일이었다. 후진타오는 당
권력을 손에 쥐고도 군 권력은 2년간이나 전임자인 장쩌민에게 맡겨놓
았어야 했다. 이에 비해 시진핑은 총서기당와 국가주석정부, 당 중앙군사
위원회 주석군 등 3대 권력을 단번에 손에 틀어쥐었다.

그럼에도 불구하고 서방 세계에서는 시진핑의 권력을 폄훼하는 주장
이 많이 터져 나왔었다. 그가 장쩌민과 후진타오를 비롯한 원로들 입김
에 휘둘려 권한을 제대로 행사하지 못한다는 평가였다. 당시 서방 언론
들은 시진핑이 전임자들의 견제로 뜻을 펼치지 못하고 있는 대표적인
사례로 노동교화제 폐지 문제를 꼽았다.

노동교화제는 재판 없이도 인신을 구속할 수 있도록 한 제도로 중국
내 인권 침해의 대표적 사례로 꼽힌다. 시진핑의 아버지 시중쉰이 문화
대혁명 때 10년간 억울한 옥살이를 한 것도 바로 이 제도 때문이었다.
시진핑은 제18차 당대회에서 선출된 중앙위원들이 세 번째로 갖는 전체
회의 즉 18기 3중전회제18기 중앙위원회 3차 전체회의, 2013년 11월에서 노동교
화제를 폐지하는 방안을 추진했지만 보수파 원로들의 극심한 반대에 부
딪혀 안건에도 올리지 못했다는 주장이 많았다. 시진핑의 권력이 생각
했던 것만큼 강하지 못하다는 증거로 노동교화제가 유지될 수밖에 없는
현실을 제시한 것이다.

그러나 서방 세계의 분석은 완전히 틀렸다. 막상 18기 3중전회의 뚜껑을 열어본 결과, 노동교화제는 최종적으로 폐지하는 쪽으로 확정됐다. 이후 시진핑의 권력 집중 현상에 이의를 제기하는 사람은 완전히 사라졌다. 오히려 지금은 시진핑의 권력이 과거 어떤 지도자들보다 더 막강해진 것 아니냐는 평가가 주류를 이루고 있다.

시진핑으로의 권력 집중 현상은 당 중앙위원회의 회의가 준비 및 진행되고, 결론이 내려지는 과정에서도 어렵지 않게 확인됐다.

중앙위원회는 중국공산당 최고 의결기구다. 통상적으로 5년마다 개최되는 당대회가 열리는 해와 그 이듬해에는 각각 두 차례씩, 나머지 해에는 한 차례 열린다. 중국공산당을 대표하는 선국 대표 2,300명이 모여 매년 당대회를 열기는 힘든 만큼 이들 중 대표 격인 중앙위원정위원 200여 명, 후보위원 170여 명들이 모여 당의 중요한 정책을 결정하는 자리다. 당대회에서 중앙위원이 최종 결정되면, 이들이 모여 정치국 위원과 상무위원을 확정하게 된다.

예컨대 2012년 11월 개최된 제18차 당대회에서 중앙위원회가 새로 구성됐고, 당대회 종료 다음 날 열린 18기 1중전회제18기 중앙위원회 1차 전체회의에서 정치국 위원 25명과 상무위원 6명이 확정되고 당 총서기로 시진핑이 최종 확정된 바 있다.

2013년 봄에는 18기 2중전회제18기 중앙위원회 2차 전체회의가 열렸다. 이어 가을에 열린 18기 3중전회는 새 지도부에게 가장 중요한 회의였다. 새로 구성된 국가 지도부의 정책 방향이 최종 확정되는 자리였기 때문이다.

돌이켜보면 시진핑은 18기 3중전회를 준비하는 과정부터 과거 지도자들과 뚜렷하게 달랐다. 이전까지는 주로 총리가 3중전회 개혁안 준비를 총괄했지만, 시진핑이 당 총서기 및 국가주석이 된 이후로는 국가주석이 직접 실무 사령탑으로 나섰다.

그런 사실은 관영 신화통신을 통해서도 확인됐다. 신화통신은 '전면심화개혁 방안 탄생기'라는

2012년 11월 개최된 제18차 당대회 모습. 이 행사에서 시진핑이 중국공산당 총서기로 선출됐다. 이때 선출된 370여 명의 당 중앙위원들이 2013년 11월 세 번째로 개최한 전체회의가 바로 18기 3중전회다.

기사에서 3중전회 개혁안이 나오기까지 시진핑이 주동적인 역할을 했다고 상세히 보도했다. 이에 따르면 2013년 3월 중국 정부에서 새 지도부가 출범한 이후 당 정치국은 3중전회 개혁안 초안을 작성할 태스크포스TF 팀장에 시진핑을 임명했다. 당 최고지도자가 초안 작업을 직접 진두지휘한 것은 적어도 2000년대 들어서는 처음이라는 평가다.

초안 작업이 진행되는 동안 열렸던 주요 회의도 대부분 시진핑이 직접 관장했다. 시진핑은 이 과정에서 글자 하나하나를 직접 살피면서 수정을 지시했다고 신화통신은 전했다.

3중전회 현장에서도 시진핑이 참석자들에게 자신이 만든 개혁 방안에 대해 직접 설명했다고 한다. 일각에서는 장쩌민, 후진타오 등 원로들이

3중전회에 참석할 가능성을 제기했지만 원로들 모습은 아예 보이지도 않았다고 한다. 이후 실제로 후진타오 시대에 늘 등장하던 원로들의 정치 개입 논란은 거의 사라졌다.

18기 3중전회에서 시진핑의 힘을 가장 극명하게 드러낸 사례는 미국의 국가안보회의NSC를 본뜬 국가안전위원회 설립이었다. 시진핑은 이 위원회에 대해 국가안전 업무를 담당할 강력한 플랫폼이라고 규정지었다. 그는 "대내적으로 정치와 사회 안정을 유지하고, 대외적으로는 국가 주권과 안전을 수호해야 하는 두 가지 문제에 직면한 상황에서 만들어졌다"고 소개했다.

이 위원회는 경찰과 무장경찰, 인민해방군, 외교부, 민정부 등 중화인민공화국 체제를 유지하기 위한 모든 기구를 아우르는 조직으로 자리매김하고 있다. 농민 시위와 사회불만 테러, 신장위구르자치구와 티베트자치구 등 소수민족의 분리독립운동 등 내부 문제는 물론 동중국해 댜오위다오釣魚島, 일본명 센카쿠열도를 둘러싼 일본과의 영유권 분쟁 등 외교 분쟁도 맡고 있다. 이미 당과 정부, 군의 최고 권력을 잡은 시진핑이 위기대응 조직까지 총괄 지휘 책임을 맡게 됨으로써 사실상 무소불위의 권한을 행사할 수 있게 됐다는 평가가 가능하다.

시진핑은 일찌감치 후진타오와는 차원이 다른 권력자로 자리를 잡았다. 후진타오가 집권 당시 9명의 당 상무위원들과 집단지도 체제를 형성하여 '9명 중의 1명' 정도의 역할을 했었다면, 시진핑은 자신을 제외한 6명의 상무위원보다 한 단계 위에 존재하는 절대 권력자가 됐다는 평가다. 지금은 마오쩌둥과 덩샤오핑에 버금가는 권력자로 시진핑을 꼽지 않는 사람이 없을 정도다.

전·현직 지도부의 합동 비밀회의, 베이다이허회의
—
중국 베이징의 여름 더위는 꽤나 악명이 높다. 낮 기온이 섭씨 36~37도까지 오르내릴 때가 많다. 베이징의 위도 는 북한 신의주와 비슷하지만 대륙성 기후 영향을 받는 탓에 여름 기온 이 훨씬 높다. 중국의 수도가 베이징으로 정해진 이후 역대 황제와 고관 대작들이 여름철이면 북쪽의 별장으로 처소를 옮기던 관행이 왜 생겨났 는지 충분히 이해될 만한 수준이다.

청나라 이후에는 베이징 동쪽으로 280킬로미터 떨어진 해변 도시 베 이다이허北戴河가 고위 지도자들의 여름 피서지로 각광을 받았다. 베이 징에서 멀지 않으면서도 산과 바다를 두루 끼고 있는 입지적 여건이 워 낙 좋기 때문이다. 청나라 말기에는 고관대작들이 머물던 별장이 719채 나 있었다는 기록이 있다.

그러나 베이다이허라는 이름은 피서지보다는 중국공산당의 비밀회 의 장소로 더 유명하다. 전·현직 국가 지도부가 매년 여름 은밀하게 모 여 비공개 밀실회의를 하는 곳이 바로 베이다이허이기 때문이다. 마오쩌

등이 중국공산당 지도자로 부상한 이후 여름철에 열리는 베이다이허회의는 국가적인 중대사를 결정하는 비공식의 최고위 의사 결정체 역할을 해왔다.

후진타오 중심의 4세대 지도부에서 시진핑 중심의 5세대 지도부로 넘어가는 과정에서도 2012년 베이다이허회의는 결정적인 역할을 했다. 당시 보도를 통해 알려진 베이다이허회의 내용은 시진핑 당시 국가부주석이 국가급 우수인재 62명과 그들의 가족을 현지로 불러 위로 행사를 개최한 것이 거의 전부였다. 이외에는 당시 베이다이허에 모여들었던 모든 지도자들의 일정이 철저히 비공개였다. 그러나 뒷날 확인됐듯이 시진핑 정권에서는 당 상무위원 수를 기존 9명에서 7명으로 줄인다든지, 상무위원으로 유력하던 리위안차오李源朝 당시 당 조직부장을 차기 상무위원에서 배제한다든지, 보시라이와 그의 부인 구카이라이를 사법 처리한다든지 하는 등의 중대 사안이 당시 베이다이허회의에서 대부분 결정됐다.

베이다이허회의는 그 이듬해 여름에도 어김없이 열렸다. 그 신호탄은 전년도에 시진핑이 그랬던 것처럼 류윈산劉雲山 상무위원권력 서열 5위이 국가급 전문가들과 가족들을 초청해 위로 행사를 열어준 것이었다. 이때를 전후해 시진핑을 비롯한 주요 지도자들의 동정이 신문에서 자취를 쏙 감췄다. 이들이 동시에 베이다이허 별장으로 모여들었다는 사실은 이처럼 짐작으로만 알 수 있을 뿐이다.

다만 시진핑 시대의 베이다이허회의가 이전과 다소 달라지려는 시도가 있기는 했다. 그 이전에는 베이다이허회의가 열린다는 사실 자체를 보도하는 것조차 금기시했다. 그러나 시진핑이 국가주석으로 올라선 첫해 여름에 열린 베이다이허회의는 베이징에서 발간되는 한 신문이 한 면에 걸쳐 상세하게 보도했다. 베이징에서 가장 많이 읽히는 대중지 중하나인 〈신징바오新京報〉의 베이다이허회의 보도는 당의 지시 혹은 승인이 없이는 불가능한 일이었다. 베이다이허회의에 대한 대중들의 불편한 시선을 중국공산당이 조금이나마 교정해보려는 노력의 하나로 추측된다.

물론 여기에 실린 기사 역시 베이다이허회의의 실체를 그려내지는 못했다. 베이다이허회의의 겉모습 일부만을 묘사하는 데 그쳤다. 그럼에도 그런 회의가 실제로 베이다이허에서 열려왔다는 사실을 공개적으로 밝힌 것만 해도 과거와는 분위기가 사뭇 달라진 것이다.

이 기사에 따르면 당과 정부 지도자들은 대부분 여름철에 베이다이허에서 휴양하면서 일한다. 당의 초청을 받은 국가급 전문가와 모범 근로자들이 가족들과 함께 이곳에서 피서를 즐기는 것도 정례화됐다.

행정 구역상 친황다오秦皇島에 속하는 베이다이허에서도 핵심 지역은 당의 직속 요양원이 위치한 시하이탄로西海灘路 부근이다. 이 도로를 지나는 차량은 시속 15킬로미터로 속도가 제한된다. 인근에 위치한 해변으로 나가면 한쪽 끝이 철조망으로 가로막혀 있다. 일반인들이 요양원 내부로 접근하지 못하도록 하는 것이다.

일반적으로 베이다이허회의는 7월 말에 시작해 8월 초에 끝나는 것으로 알려져 있지만, 사실 전·현직 지도자들은 7월 초부터 8월 20일까지 수시로 이곳을 찾는다. 주요 지도자들은 당 직속 요양원 내에 전용 거주지를 지정받는다. 이 거주지는 지도자가 사망한 이후에도 3년간 미망인에게 이용 권한이 부여된다.

당이 베이다이허를 여름 피서지로 정한 것은 지난 1953년이었다. 1966년 문화대혁명이 시작된 이후에는 여름 휴양지로서 입지를 상실하기도 했다. 지도부가 다시 베이다이허를 찾기 시작한 것은 1984년이었다. 이후 베이다이허회의는 매년 열리고 있다.

베이다이허회의가 중요한 것은 일선에서 물러난 원로들이 현직 지도자들에게 영향력을 행사하는 기회가 되기 때문이다. 3세대 지도부 일원이던 리루이환李瑞環 전 정협 주석은 자신의 문집《견해와 주장》에 류윈산 상무위원과 베이다이허에서 찍은 사진을 실어 원로의 정치 참여 사실을 간접적으로 확인시켜주기도 했다. 다만 베이다이어회의에서 결정된 내용이 여전히 사후에나 간접적으로 확인되는 것을 보면 구습은 사라지지 않았다.

무관심 속
최대 정치 축제 '양회'

———

중국 베이징의 봄은 매년 '양회兩會'라는 정치 축제가 그 시작을 알린다. 양회는 정협과 전인대를 합쳐 부르는 말이다. 보통 3월 초순에 시작해 2주일 가까이 진행된다. 양회가 끝날 때쯤에는 베이징 곳곳은 어느덧 새싹으로 물들기 시작한다. 추운 겨울을 보내고 애타게 기다리던 봄이 찾아온 뒤에야 사람들이 슬슬 바깥나들이를 시작하듯이 베이징 정가는 양회를 신호탄으로 본격적인 활동에 들어간다.

양회에서도 핵심은 역시 전인대다. 전인대는 국가 최고 권력기관이다. 우리나라 국회처럼 입법권을 갖고 있을 뿐만 아니라 대통령처럼 주요 정부 인사에 대한 임명권도 갖고 있다. 물론 중국에서 실질적인 권력은 중국공산당과 인민해방군에서 나온다. 그럼에도 전인대가 중요한 이유는 전인대야말로 전체 인민을 대표하는 유일한 기관이기 때문이다. 앞에서도 언급했듯이 중국공산당의 주인인 당원은 중국 전체 인구의 6.4% 정도에 지나지 않는다. 이에 비하면 중국 모든 행정단위별로 구성돼 있는 인대인민대표대회를 기반으로 하는 전인대야말로 전 국민의 의사가 결집되는 정치조직이라고 할 수 있다.

그렇다고 전인대가 중국공산당이나 인민해방군과 완전히 별도로 구성된 조직도 아니다. 전인대 대의원 3,000여 명은 기본적으로 전국 각 성과 직할시에서 대략 인구 비례로 뽑힌다. 여기에는 인민해방군 대표 270명 정도가 포함돼 있다. 더구나 전인대 대의원의 3분의 2 이상은 당원이다. 전인대 대의원에는 주요 성의 당서기와 성장, 군 고위 간부 등 전국의 내로라하는 고위층이 총망라돼 있다. 중국공산당과 인민해방군, 전인대는 사실상 한통속이나 다름없는 셈이다. 보다 솔직히 표현하면 당에서 결정한 안을 전 국민이 참여하는 정치조직을 통해 추인하고, 이에 정당성을 부여하기 위해 존재하는 조직이라고 볼 수 있다.

양회가 열릴 때면 베이징 인민대회당은 전국 각지에서 몰려든 대표들로 북적거리면서 축제 분위기를 자아낸다. 최대 분위기 메이커는 화려한 전통복장으로 시선을 사로잡는 소수민족들이다. 다른 참석자들 대부분이 무채색 계열의 어두운 톤으로 옷을 차려입어서인지 이들은 회의장에서 단연 눈에 띄는 존재다. 이들 주변은 함께 사진을 찍기 위해 몰려드는 사람들로 항상 북새통을 이룬다.

양회에는 또한 대중 스타들도 유독 많이 참여해 사람들의 눈을 즐겁게 한다. 중국 첫 노벨문학상 수상자인 모옌莫言을 비롯해 농구스타 야오밍姚明, 영화감독 첸카이거陈凯歌, 영화배우 성룡成龍 등이 단골 참석자들이다.

양회에서 빼놓을 수 없는 또 하나의 재미는 봇물처럼 터져 나오는 청원을 지켜보는 일이다. 전국 각지에서 올라온 대표들이 내놓는 제안이나 청원은 양회에 재미를 더해주는 양념이 되다시피 했다.

대부분은 실현 가능성이 없는 것들이지만 사람들의 속을 시원하게 해주는 대리만족의 효과가 적지 않다. 중국이 명절 때 도입한 고속도로 통행료 면제 조치에 상응해 철도를 무료로 이용하게 하자는 주장이 대표적이다. 한 전인대 대표는 "자동차가 없는 사람들은 통행료 면제 혜택을 받지 못하므로 차를 가진 사람들과 형평성에 문제가 있다. 춘제와 청명절, 노동절, 국경절 등 중국의 4대 명절 연휴 기간에 기차를 무료로 탈 수 있도록 해야 한다"고 공개적으로 건의해 관심을 끌었다.

황당한 주장을 펼치는 사람도 있다. 지난 2000년부터 매년 양회 때 베이징으로 올라와 이색 아이디어를 내고 있는 괴짜 백만장자 천광뱌오陳光標의 경우다. 그는 "9년간의 의무교육을 받지 못한 사람은 아이를 낳지 못하도록 해야 한다"고 주장해 실소를 자아냈다.

이런 상황을 지켜보는 외국인에게 양회는 꽤나 큰 즐거움을 선사한다. 하지만 의외로 중국 일반 대중들에게 양회는 무관심의 대상이다. 전인대 개막식 날 인민대회당에서 가장 가까운 지하철 톈안먼 서역 내부에서도 그랬다. 역에 설치된 TV에서는 총리의 정부 업무 보고가 생방송으로 중계되고 있었지만 화면에 눈길을 주는 사람은 아무도 없었다. 전인대 개막식은 움직이는 지하철 안에서도 생중계되었지만, 화면 바로 앞의 승객마저도 핸드폰으로 문자를 보내는 데만 관심이 있을 뿐 양회에는 아무런 반응을 보이지 않았다.

"사람들이 전인대에 왜 관심이 없냐"는 물음에 한 중국인은 "그럼 왜 관심을 가져야 하지? 그들이 내 삶과 어떤 관계가 있는지 모르겠다"고 말했다.

14억 중국 인구 중에서 양회에 참석하는 인원은 각 지역 대표와 관계자를 다 포함해도 1만 명이 되지 않는다. 전체 인구의 0.001%에도 미치지 못한다. 이처럼 양회가 대중의 관심을 이끌어내지 못한다면 언제까지나 '그들만의 리그'일 수밖에 없다.

여전히 소통 없는
전인대

—   매년 3월에 개최되는 전인대 개막식을 취
재하려면 새벽부터 서둘러야 한다. 베이징 시내 한복판에 있는 인민대회
당까지 가는 도로가 막히기 때문이기도 하지만 자칫 늦었다가는 이날의
핵심인 '정부 업무 보고' 자료를 챙기지 못할 수도 있기 때문이다. 중국
의 현직 총리가 전인대 개막식에서 약 2시간에 걸쳐 읽어 내려가는 이
자료는 그해 중국의 정책 방향을 총망라하고 있어 중국에서 활동하는
기자에게는 가장 중요한 기초 자료 중 하나다.

중국 당국은 이 자료를 간이 책자 형태로 인쇄해 개막식 현장에서만
배포할 뿐 이메일로는 따로 제공하지 않는다. 그것도 양을 충분히 인쇄
해 배포하는 것이 아니라 제한된 수량만 준비하기 때문에 어쩌다 길이
라도 막혀 현장에 늦게 도착하면 자료를 손에 넣지 못하기도 한다. 아침
일찍 현장으로 향하는 각국 기자들이 당국의 처사에 불만을 늘어놓는
것은 어찌 보면 당연한 일이다.

개막일 아침 인민대회당 2층 자료 배포대 앞에 길게 늘어서 있는 수많
은 외신기자들의 모습은 다른 곳에서는 좀처럼 보기 힘든 광경이다. 각
국 기자들은 인민대회당 문이 열리기 무섭게 곧바로 자료 배포대로 돌
진해 줄을 선다. 이들이 서두르는 이유는 오전 8시 자료 배포가 시작되
는 것과 동시에 확인할 수 있다.

자료를 받아 든 기자들은 일제히 바로 옆의 바닥에 자리를 잡고서는

재빠른 손동작으로 페이지를 넘겨가면서 자료를 살펴보기 시작한다. 경제성장률과 소비자 물가, 수출입 증가율, 재정적자율 등 당국의 그해 목표치와 국방비 등 정부 예산안 정보 등을 1분, 1초라도 빠르게 파악하기 위한 동작이다. 그래야 남보다 먼저 기사를 송고할 수 있기 때문이다.

기자들이 허둥대는 모습을 보고 있노라면 중국 당국의 처사가 얄밉게 느껴진다. 자료를 이메일로 보내주면 편하게 자리에 앉아서 쓸 수 있는 기사를 굳이 인쇄물로만 배포해 기자들을 힘들게 하기 때문이다. 대부분의 나라에서와 마찬가지로 엠바고일정 시간까지 보도를 금지하는 것 시간을 미리 정한 뒤 자료를 배포하면 기자가 보다 여유 있고 정확하게 내용을 파악해 보다 품질 좋은 기사를 송고할 수도 있으련만 중국 당국은 매년 똑같은 일을 되풀이한다. 우주에서 한 치의 오차도 허용하지 않는 도킹을 실시하고, 달에도 직접 초정밀 탐사선을 보낼 정도로 과학기술이 발전한 중국에서 이런 일이 벌어지는 이유를 뭐라고 설명해야 할까.

아마도 이메일로 자료를 배포할 경우 관련 정보가 무한대로 반복 재생산돼 널리 유포될 가능성을 염려하는 게 아닐까. 중국공산당 일당 지배의 폐쇄된 사회에서는 당연한 일이겠거니 생각할 수도 있겠지만, 고작 정책 방향을 담은 자료를 그렇게까지 다룰 필요가 있을까 생각하면 이해하기 어려운 처사다. 어찌 됐든 정부 업무 보고 내용의 핵심인 그해 경제 성장률 목표치에 대해 막판까지 갖가지 설이 난무하는 점을 감안하면 당국의 정보 폐쇄 전략은 성공을 거둔 것임에는 틀림없다.

언론에 대한 중국 당국의 일방통행과 같은 막무가내 대응은 이런 것

전인대 개막일 아침에 정부 업무 보고 자료를 받아 든 기자들이 한시라도 빨리 기사를 작성하기 위해 인민대회당 바닥에서 내용을 확인하고 있다.

만이 아니다. 필자가 전인대를 앞두고 당국 측에 공식 취재를 요청했는데도 아무런 연락이 없었다. 답변이 없어 궁금하던 차에 행사 직전 금요일 오후 늦게서야 중국 외교부로부터 휴대폰 문자 연락을 받았다. 토요일과 일요일 이틀간 미디어센터에서 비표출입증를 나눠주겠으니 방문해달라는 내용이었다. 3주 전에 취재 신청을 받아놓고는 일언반구도 없다가 바로 전날에야 연락을 주면서 주말에 와달라고 하다니 이건 아무래도 상식과 예의를 벗어난 처사였다. "오려면 오고, 말려면 말라"는 배짱임을 알면서도 어쩔 수 없이 가야만 하는 처지가 안타까울 따름이었다.

주말 미디어센터에 도착하자마자 함께 간 동료가 현지 관계자들에게 가볍게 항의를 했다. "주말을 앞두고 너무 갑자기 연락을 준 것 같다. 왜 그랬나"는 질문에 "사실 오늘부터 비표가 발급될 것이라는 사실은 나도 어제서야 알았다. 나라고 어쩔 수 있었겠냐"는 담당자의 답이 돌아왔다. 워낙 "미안하다"는 말을 좀처럼 하지 않는 중국 관행을 잘 알고 있기에 사과는 기대하지도 않았지만 "나라고 어찌하겠냐"는 대응에는 할 말을 잃고 말았다. 물론 의사 결정 과정에 아무런 힘도 쓰지 못한 그에게 어찌 개인적인 불만이 있을 수 있겠나. 그저 앞으로는 중국 당국이 외부와 소통을 조금씩이라도 늘리려는 노력을 해주기를 바랄 뿐이다.

그런 면에서 중국공산당에 아쉬운 점 하나는 전 세계 모든 주요 기관들이 운영하고 있는 대변인 제도가 없다는 점이다. 중국공산당이 죽의 장막에 갇혀 있다는 평가를 받는 가장 큰 이유는 결국 외부와의 소통 부재다. 중국공산당에 대변인 자리가 만들어진다면 비로소 중국이 외부 세계와의 진정한 소통을 시작했다는 시금석이 될 것이다.

늦깎이 유학생,
중국 연예계의 큰손이 되다

중국에서 최고의 한류스타로 통하는 배우 이민호. 그는 드라마 〈꽃보다 남자〉와 〈상속자들〉
이 연속으로 히트 친 이후 중국에서 누구보다 인기 있는 배우로 자리를 잡았다. 중국 CCTV
가 매년 춘제 전날 밤에 방영하는 최대의 쇼 프로그램 〈춘완(春晩)〉에도 한국 연예인으로는
처음으로 출연하기도 했다. 이민호의 이런 활약에 숨은 조력자가 있으니 바로 화이브러더스
(華誼兄弟)라는 중국 최대 엔터테인먼트 회사다. 화이브러더스를 창업한 사람이 바로 왕중쥔
(王中軍) 회장이다.

1960년 베이징의 한 평범한 군인 가정에서 태어난 그는 어려서부터 그림 그리는 것을 아
주 좋아했다. 그림을 잘 그리다 보니 그의 꿈은 일찍부터 중국 최고 미술대학인 중앙미술학
원에 입학하는 것이었다. 그는 여러 형편상 미술을 전공하지는 못했지만 어릴 때의 열정 덕
분에 지금도 아마추어 화가 수준의 실력을 갖추고 있다. 유명 TV 아나운서인 리융(李泳)을 만
났을 때 현장에서 직접 소묘 그림을 그려준 것은 유명한 일화다.

왕중쥔은 고등학교를 다니다가 졸업도 하기 전인 17세의 나이에 인민해방군에 입대했다.
군인인 아버지의 뜻에 따른 결정이었다. 6년간의 군 복무를 마친 뒤 사회로 나와 처음 시작
한 일은 국가물자총국 산하 물자출판사에서 미술과 촬영을 담당하는 것이었다. 군 복무 중에
도 미술 분야에서 두각을 나타내다 보니 그가 제대할 때 군에서 알선해준 일자리가 국가기
관의 미술담당이었다.

그는 1986년에 중국영락문화발전총공사라는 문화 기업으로 자리를 옮겨 광고부 책임자
로 일했다. 이때 광고 일을 하면서 공부의 필요성을 절감한 그는 1989년 29세의 늦은 나이

에 유학길에 올랐다. 미국 미시건대 미디어학과였다. 석사 과정은 뉴욕주립대로 옮겨 역시 매스미디어를 전공했다.

미국 유학은 만만치 않았다. 부모로부터 학비 지원을 받기 어려운 형편이었기 때문에 그는 하루 15시간씩 일하면서 공부를 했다. 식당 서빙과 배달 일이 대부분이었다. 학비와 책, 기본 생활비를 스스로 해결했음은 물론 남는 돈은 열심히 저축도 했다. 그렇게 1994년 드디어 석사 학위를 취득한 그는 베이징으로 돌아왔다. 그의 주머니에는 부인과 함께 아르바이트로 벌어 차곡차곡 모은 돈 10만 달러(약 1억 1,200만 원)가 들어 있었다.

그해 5월 16일이 역사적인 화이브러더스 창업일이다. 왕중쥔은 자신의 전공을 살려 광고 분야 일을 먼저 시작했다. 처음에는 작은 정보 잡지를 발간해 이런저런 광고를 실었다. 그럭 저럭 유지되던 회사는 대형 국유은행인 중국은행의 이미지통합(CI) 광고를 수주하면서 성장의 발판을 마련했다. 중국은행이 전국에 보유하고 있는 지점 수가 1만 5,000개에 달했던 만큼 당시로서는 엄청난 광고 물량을 따낼 수 있었다. 이후 국가전력, 중국석화, 농업은행, 화샤 은행 등 국유기업과 대기업 광고 물량을 연달아 수주했다. 덕분에 창업 3년 만에 중국의 10대 광고 회사가 됐다.

광고 회사 CEO로 잘나가던 그에게 뜻밖의 기회가 찾아왔다. 1998년 어느 날 길거리에서 우연히 과거 함께 일했던 류사오링(劉曉玲)이라는 친구를 만난 것이다. 영화와 드라마 쪽에서 일하던 그와 대화를 나누면서 왕중쥔은 서서히 그 분야로 빠져들었다. 그의 말을 듣다 보니 자신이 지금 하고 있는 광고 영업은 영 재미없게 느껴졌다.

왕중쥔은 곧바로 실행에 나섰다. 그동안 벌어놓은 돈이 꽤 있었던 만큼 드라마 투자를 결심했다. 그가 난생처음으로 투자·제작한 드라마 〈심리치료소〉는 100% 수익률을 올렸다. 드라마 사업의 성공을 바탕으로 그는 영화 산업에도 뛰어들었다. 이 즈음 그에게 중국의 대표 영화감독인 펑샤오강(馮小剛)과 손을 잡는 행운이 찾아왔다. 1998년 왕중쥔이 돈을 투자하고 펑샤오강 감독이 제작한 〈메이완메이랴오(沒完沒了, 한도 끝도 없다)〉라는 영화가 대히트를 친 것이 화이브러더스가 영화제작사로서 성장하는 계기가 됐다. 2009년에는 중국 엔터테인먼트 회사로는 처음으로 상장을 했다.

화이브러더스는 2000년 연예인 매니지먼트 사업에도 착수했다. 처음에는 판빙빙(范冰冰)과 리빙빙(李冰冰) 등 7명으로 시작한 소속 연예인 수가 지금은 400여 명을 넘어섰으며, 중국 연예계에서 압도적인 지위를 차지하는 큰손이 됐다.

시진핑과 그의 사람들

토굴에서
공산주의를 꿈꾼 시진핑

—   1953년 산시성 푸핑富平현에서 부총리였

던 시중쉰의 장남으로 태어나 유복한 생활을 하던 시진핑은 9세가 되던 1962년 큰 시련을 맞았다. 시중쉰이 반혁명 분자로 몰려 감옥에 들어간 것이다. 류즈단劉志丹 사건이 발단이었다.

류즈단 사건은 마오쩌둥과 류샤오치劉少奇 간 권력 투쟁 과정에서 마오쩌둥 편에 선 캉성康生이 중국 혁명영웅인 류즈단을 주인공으로 한 장편소설을 반당 소설로 몰아 책 출간에 간여한 시중쉰을 숙청한 사건이다. 설상가상으로 문화대혁명까지 터졌다. 시진핑은 16세가 되던 1969년 중학교를 졸업한 직후 사상비판을 받은 뒤 산간벽지인 산시성 옌안

延安으로 쫓겨나 그곳에서 7년을 보냈다. 토굴에서는 벼룩 때문에 도무지 잠을 잘 수 없었다. 가려움 때문에 죽고 싶을 지경이었다. 거친 잡곡밥도 적응하기 힘들었다. 배급받은 돼지고기를 날것으로 입에 물고 있는 자신의 모습에 놀란 적도 있다. 베이징 생활이 그리울 때는 눈물로 밤을 지새우기도 했다.

시진핑 중국 국가주석.

어느 정도 농촌 생활에 적응하자 그는 낮에는 노동을 하고, 밤에는 마르크스·레닌주의와 마오쩌둥 저작을 읽었다. 고행을 인내로 극복한 것이다. 시진핑 자신도 훗날 이때 많은 것을 배웠다고 토로했다. 그는 "농촌 생활에서 실사구시와 대중이 무엇인지를 깨달았다. 어떤 일도 해낼 수 있다는 자신감도 그때 얻었다"고 말했다.

시중쉰이 1978년 복권되자 시진핑에게 기회가 찾아왔다. 그는 칭화대를 졸업한 뒤 국무원 판공청에서 경뱌오耿飇 부총리 겸 중앙군사위원회 비서장의 비서로 배치됐다. 모두가 부러워하던 자리였지만, 그는 3년 만에 농촌으로 가겠다고 자청했다. 그렇게 허베이성河北省 스자좡石家莊 정딩正定현 부서기를 맡았다.

당시로서는 고위 간부 자제가 기층으로 내려가 실무를 경험하겠다고 나선 것은 그가 처음이었다. 열린 마음을 갖지 않고는 불가능한 일이었다.

그가 지도자로서 날개를 달기 시작한 것은 1985년 푸젠성 샤먼廈門 부시장으로 옮기면서부터였다. 이후 18년간 이어진 푸젠성 공직 생활에서 그는 많은 성과를 냈다.

동부 연안 지역에서 상대적으로 뒤떨어진 푸젠성은 시진핑이 대만 자본을 대거 끌어들인 덕분에 빠르게 발전했다. 그가 저장성 당서기로 옮겨간 2002년에는 푸젠성의 1인당 국내총생산이 전국 최고 수준인 3,000달러까지 상승했다. 빈곤 지역이던 닝더寧德 당서기 시절에는 시 간부들이 부정하게 사택을 지은 것을 발견하고 관련자를 모두 처벌해 관심을 끌기도 했다.

그는 국유기업보다 민간기업 육성을 중시한 지도자였다. 저장성 항저우에 본사가 있는 중국 전자상거래 대표 기업인 알리바바도 그의 지원이 성장의 밑거름이 됐다는 후문이다. 시진핑은 "민간기업은 개혁·개방의 중요한 동력으로 막대한 일자리를 제공한다"고 자주 말한다.

시진핑이 중앙 정치 무대로 진출할 수 있었던 계기는 의외의 정치적 사건에서 찾아왔다. 2006년 9월 천량위陳良宇 상하이 당서기가 비리 혐의로 낙마한 사건이다. 천량위의 후임자 선정을 놓고 공청단파와 상하이방 간 세력 다툼이 벌어졌다.

공청단파는 공산주의청년단을 거친 정치세력을 말하는 것으로 후진타오와 리커창 등이 여기에 속한다. 상하이방은 상하이를 정치적 근거지로 하여 형성된 세력으로 장쩌민이 좌장이다. 이처럼 공청단파, 상하이방과 함께 태자당을 중국의 3대 정치 계파로 꼽지만 과거에 비해 지금은 그 결속력이 약해져 큰 의미가 없다는 분석이 많다.

후진타오 당시 국가주석은 부정부패 척결의 적임자로 공청단파 인사를 내세웠다. 이에 비해 장쩌민은 20년간 상하이 출신이 차지해오던 당서기 자리를 놓칠 수 없었다. 양대 계파 간 한판 승부가 불가피한 상황이었다.

결국 공청단파와 상하이방 간 타협의 산물로 시진핑이 등장했다. 시진핑은 이전에도 어떤 지역이든 부임을 하면 곧바로 현지의 원로 당원부터 찾아가 인사를 하는 등 겸손의 미덕을 갖추고 있어 정치인으로서 주변의 평판이 좋았다. 공청단파와 상하이방 누구도 거부감 없이 받아들일 수 있는 인물이었다.

시진핑은 상하이 당서기가 돼서도 그런 자세를 그대로 유지했다. 2007년 3월 그가 상하이에 부임했을 때 저장성으로 출장 일정이 잡히자 시 간부들이 항저우杭州까지 가는 직행 전용열차를 준비했다. 그러나 시진핑은 미니버스로 바꿔 타고 항저우로 출발했다. 최고지도자가 자신을 낮추는 모습을 보이면서 부정부패 사건으로 뒤숭숭하던 상하이는 점차 안정을 되찾아갔다.

오늘의 시진핑이 있기까지 고비의 순간이 많았지만 그중에서도 압권은 2007년 10월 제17차 당대회 직전이었다.

당시 중국공산당은 후진타오의 뒤를 이을 차기 지도자 선정에 앞서 치열한 권력 다툼을 벌였다. 가장 유력한 후보는 리커창이었다. 후진타오는 자신의 공청단과 후배를 지명하기 위해 몇 해 전부터 세심하게 공을 들였다.

그러나 당대회 직전 당 고위 간부를 대상으로 실시한 선호도 투표에서 시진핑이 리커창을 누르고 1위를 차지했다. 의외의 결과에 모두가 놀랐지만 시진핑을 밀었던 태자당의 맏형 쩡칭홍曾慶紅 전 국가부주석은 미소를 머금었다.

당시 쩡칭홍이 전·현직 고위 지도자들을 설득한 논리가 바로 '포용력'이었다. "리커창은 의심할 여지없는 경제 전문가다. 그러나 차기 지도자는 다른 사람의 능력까지 결집할 수 있는 포용력이 있어야 한다. 그런 면에서 시진핑은 정치권의 누구도 거부하지 못할 것이다."

이 논리는 장쩌민에게 그대로 수용됐고, 다른 원로들도 이견을 달지 못했다. 불과 몇 달 새 쩡칭홍 자신의 퇴임을 걸고 이뤄낸 대역전 드라마였다.

시진핑의 인생 좌우명은 '후덕재물厚德載物'이다. 덕을 두텁게 하고 만물을 포용한다는 뜻의 주역 문구다. 산시성 푸핑현에 있는 그의 부친 시중쉰 생가에 가면 대문 현판에 이 말이 쓰여 있다.

마오쩌둥과 덩샤오핑
되새기는 시진핑

—   시진핑은 마오쩌둥의 최대 피해자 중 한
명이다. 그의 부친인 시중쉰은 마오쩌둥으로부터 억울하게 반혁명 분자
로 몰려 옥고를 치렀고, 시진핑은 중학교를 졸업한 직후 사상비판을 받
은 뒤 산간벽지인 산시성 옌안으로 쫓겨났다. 그런 시진핑이 문화예술
분야에서 과거 문화대혁명 때의 마오쩌둥 분위기를 풍기는 행보를 보이
고 있어 매우 역설적이라는 평가다.

중국 관영 신화통신은 정부가 화가와 작가, 영화 제작자, TV 방송 제
작 인력 등 문화예술 분야 종사자들을 농촌으로 내려보내 예술에 대한
올바른 관점을 형성하게 할 것이라는 내용을 보도한 적이 있다. 통신은
"소수민족 거주 지역과 국경 지역에 이들을 파견해 혁명전쟁에서 승리
하는 데 기여하도록 할 것"이라고 전했다. 과거 문화대혁명 당시 기관지
에 그대로 옮겨 놓더라도 전혀 어색하지 않을 정도의 표현이다. 문화대
혁명 때 지식인과 지도자, 그 가족들을 대거 농촌으로 내려보낸 이른바
'하방下放'과 유사한 운동이 재연되는 것 아니냐는 우려가 나오는 것은
당연하다.

앞서 시진핑은 문화예술계 인사를 만났을 때 유사한 발언을 했다. 시
진핑은 문화예술계 인사를 베이징으로 초청한 좌담회에서 "문예는 시장
의 노예가 돼서는 안 되며 돈 냄새에 취해서도 안 된다. 사회주의 핵심 가
치관을 전파하고 인민을 위한 작품 제작에 힘써야 한다. 저속한 것은 대

중적인 것이 아니며, 욕망이 희망을 대표하지 않는다. 단순히 감각기관을 즐겁게 하는 것은 정신적 즐거움과도 관련이 없다. 애국주의를 문예창작의 기조로 삼아야 한다"며 문예작품의 방향성에 대해 구체적인 지침을 제시했다. 다양성이 강조돼야 할 21세기에 뜬금없이 문예작품의 사상성이 강조된 것이다. 시진핑의 좌담회가 끝나고 행사장을 빠져나가다가 만난 유명 드라마 작가에게 "일부 첩보 드라마는 역사를 존중하지 않아 시청자들에게 좋지 못한 영향을 끼친다"고 디테일하게 지적하기도 했다.

'창의와 혁신創新'을 강조하면서도 '간섭'을 빼먹지 않는 시진핑의 이런 태도는 이번이 처음이 아니다. 시진핑은 다른 자리에서 더 이상 기묘한 건축물을 짓지 말라고 지시한 적도 있다. 베이징을 비롯한 주요 대도시에서 랜드마크를 표방하며 우후죽순으로 지어지고 있는 괴상한 모양의 건축물 건립 붐에 직접 제동을 건 것이다. 뜻은 나쁘지 않다. 주변 경관과 어울리지 않으면서 실용적이지도 않은 건축물이 도시 미관을 해치는 일이 자주 발생한 것은 사실이기 때문이다.

예를 들어 베이징에서 가장 눈에 띄는 건축물 중 하나인 CCTV 건물이 대표적이다. 네덜란드의 유명 디자이너 렘 쿨하우스가 설계한 이 건물은 2007년 미국 시사주간지 〈타임〉이 선정한 '세계 10대 기적의 건축물'에 꼽힐 만큼 독창성을 인정받았다. 그러나 멀리서 보면 남성용 팬티 모양으로 보여 중국 내부에서는 좋은 평가를 받지 못했다. 중국인들은 이 건물을 '다쿠차大褲衩, 대형 팬티'라고 비아냥거린다. 이 CCTV 건물을 시작으로 중국 전역에는 엽전이나 술병, 심지어는 변기 좌석을 닮은 독

다쿠차 즉 대형 팬티라는 별칭이 붙은 CCTV 본사 건물.

특한 모양의 실험적 건축물이 곳곳에 들어섰다.

그러나 이제는 중국에서 더 이상 독창적인 건물을 보기 어려워질 판이다. 국가주석이 나서는 판에 지방 당국자들로서는 조금이라도 흠집을 잡힐 만한 건물은 절대로 건축 승인을 내주지 않을 것이기 때문이다.

그런가 하면 시진핑은 덩샤오핑을 연상시키는 행동으로도 자주 도마 위에 오른다. 시진핑은 덩샤오핑을 추모하고, 찬양하는 것을 넘어서 자신이 추진하는 개혁 완수를 위해 그의 힘을 활용하려는 의지를 강하게 드러내고 있다.

시진핑은 자신의 리더십을 견고하게 구축하기 위해 덩샤오핑의 행적

1958년 당시 마오쩌둥 주석(가운데)이 덩샤오핑 당 총서기(오른쪽)와 모처에서 상의하고 있는 모습. 왼쪽은 왕자샹(王稼祥) 당 중앙서기처 서기.

과 발언, 사상을 적극 활용하고 있다. 그가 최고지도자인 당 총서기에 선출된 직후인 2012년 12월 첫 지방 시찰지로 광둥성을 선택한 것도 그 일환이었다. 덩샤오핑의 남순강화 행보를 그대로 따라한 것이다.

남순강화는 1989년 톈안먼 사태 이후 보수파가 득세하면서 개혁·개방에 브레이크가 걸리게 되자 덩샤오핑이 1992년 1월 광둥성 선전과 주하이珠海 등 남부 지역을 한 달간 돌면서 개혁·개방을 역설했던 여정을 말한다. 중국은 남순강화를 계기로 다시 개혁·개방의 길로 되돌아갔다.

시진핑은 평소에도 덩샤오핑의 발언을 자주 인용한다. 그가 의욕적으로 도입한 자유무역지대FTZ의 첫 대상 지역인 상하이 대표단을 만났을 때 "대담하게 부딪치고, 대담하게 시험하라"고 격려한 것도 덩샤오핑의 발언을 그대로 빌린 것이다. 시진핑의 이런 덩샤오핑 추종은 그의 부친인 시중쉰이 덩샤오핑의 심복이었기 때문인지도 모르겠다. 개혁·개방 1번지로 평가받는 선전특구 설립을 처음 덩샤오핑에게 제안했던 인물이 바로 시중쉰이었다.

시진핑은 서구에서 비판적 시각을 갖고 있는 톈안먼 사태의 책임론에 대해서도 덩샤오핑에 면죄부를 주었다. 무력 진압을 직접 지시했다는 이유로 덩샤오핑을 폄하하는 시각이 국내외에 엄연히 존재하지만 그는 개의치 않았다. 시진핑은 당시 사태에 대해 "덩샤오핑은 국제적, 국내적 정치 풍파에 직면해서도 냉정하고 침착하게 대응하면서 공산주의 이상을 수호했다"고 정리했다.

중국 첫 영부인
펑리위안의 소프트 외교

—   도널드 트럼프가 미국 대통령에 당선되고 처음으로 갖는 미·중 정상회담이 2017년 4월 워싱턴에서 열렸다. 정상회담 당사자는 트럼프와 시진핑이었지만 영부인들도 그들 못지않은 관심을 끌었다. 멜라니아 트럼프는 유명 패션모델 출신이고, 펑리위안彭麗

媛은 중국 내에서 시진핑보다 더 유명했던 국민 가수 출신이다 보니 자연스러운 일이었다.

두 영부인은 첫 만남부터 화끈한 패션 대결을 벌였다. 멜라니아는 만찬장에 중국의 색인 빨간색 드레스 차림으로 나왔고, 펑리위안은 파란색 치마를 입었다. 목과 어깨가 훤히 드러난 멜라니아의 드레스는 미국인들이 파티에서 즐겨 입는 스타일이었고, 펑리위안의 목까지 깃이 올라온 치파오旗袍는 중국의 전통 의상이었다.

치파오는 펑리위안에겐 비장의 카드다. 펑리위안은 2016년 9월 중국 저장성 항저우에서 G20 정상회의가 열렸을 때도 새파란 치파오를 입고 등장해 호평을 받았다. 중국 전통 의상을 현대적으로 재해석해 중국 문화의 품위를 끌어올렸다는 찬사를 받았다.

이제는 시진핑이 해외 순방을 나가거나 중국에서 외교 행사를 벌일 때마다 펑리위안의 패션이나 스타일이 전 세계 모든 언론의 중요 관심사가 됐다.

또 해외 순방 때 펑리위안이 시진핑과 별도로 진행하는 다양한 외교 활동은 중국에 대한 이미지를 보다 부드럽게 만드는 소프트 외교로 각광을 받고 있다.

펑리위안은 사실상 중국의 첫 영부인이다. 이전에도 영부인이 있었지만 대외 활동을 거의 하지 않았기 때문이다. 덩샤오핑이나 장쩌민, 후진타오의 부인들은 공식석상에 거의 나타나지 않았다. 영부인의 경우 조용한 내조가 중국의 전통으로 자리를 잡아가고 있던 상황에서 펑리위안이라는 걸출한 인물이 영부인이 되면서 새로운 전통을 만들어가고 있는 것이다.

시진핑이 최고지도자가 되면서 중국 내에서도 펑리위안이 이전 영부인들처럼 조용한 내조를 선택할 것인지, 아니면 중국 영부인의 새로운 모델을 만들어낼 것인지에 이목이 집중됐었다. 펑리위안의 선택은 2013년 4월 시진핑의 첫 해외 순방 때 곧바로 드러났다.

러시아에 도착해 검은색 계열의 더블코트를 세련되게 차려입

2014년 펑리위안 여사가 창덕궁을 방문했을 때의 모습.

고 전용기 트랩을 내려오는 펑리위안의 모습을 많은 중국인들이 설레는 가슴으로 지켜봤다. 중국 첫 영부인의 화려한 외교 무대 데뷔 행사였기 때문이다.

그럴 만도 한 것이 펑리위안은 워낙 유명한 민족 가수 출신이다. 그는 18세 때 인민해방군에 들어가 군 예술단원으로 활동했는데, 고음을 자유자재로 넘나드는 천상의 목소리로 1980년대 중반부터 중국을 대표하는 민족 가수로 이름을 날렸다. 한국으로 치면 이미자나 나훈아급의 초

대형 대중음악 가수인 셈이다.

20년 이상 중국인들의 심금을 울렸던 펑리위안이 시진핑의 부인이라는 이유로 2007년부터 대중 앞에서 사라졌으니 영부인으로서 다시 대중 앞에 나타난 펑리위안의 모습에 중국인들이 열광한 것은 당연한 일이었다.

펑리위안은 1962년 중국 산둥성에서 태어났다. 어릴 적부터 예술적 재능을 보여 14세 때 산둥예술학교에 입학했다가 졸업 후 1980년 인민해방군에 들어가 예술단에서 활동했다. 21세였던 1982년 CCTV 춘제 특집 프로그램에 나가 불렀던 노래가 선풍적인 인기를 끌면서 인민 가수 칭호를 얻기 시작했다. 25세 때인 1986년 푸젠성 샤먼 부시장이었던 시진핑을 만나 사랑에 빠졌고, 그 이듬해 백년가약을 맺었다. 시진핑으로서는 두 번째 결혼이었다.

펑리위안은 이후 더욱 승승장구했다. 1990년 민족음악 분야 최초로 석사학위를 받았고, 2002년에는 인민해방군 소장으로 진급했다. 2009년에는 인민해방군 가무단 단장 자리에 올랐다.

펑리위안은 지금도 인민해방군예술학원 원장, 중국음악가협회 이사, 중국가극연구회 부주석, 중국음악학원 객좌교수, 베이징대 및 상하이사범대 겸직교수 등의 직함을 갖고 있다.

시진핑의 두 남자,
왕후닝과 리잔수

—   시진핑의 측근 중에서도 최측근으로 꼽히는 두 남자가 있다. 바로 왕후닝王滬寧 당 중앙정책연구실 주임과 리잔수 당 중앙판공청 주임 겸 중앙서기처 서기가 그들이다.

시진핑이 집권하기 전까지 대부분의 중국인들은 왕후닝과 리잔수를 잘 몰랐다. 지금은 거의 모든 중국인들이 두 사람을 잘 안다. 시진핑이 주관하는 행사에는 둘이 항상 동시에 참석해 거의 매일 CCTV 뉴스에 등장하기 때문이다. 시진핑이 해외 순방을 할 때도 예외가 아니다. 시진핑이 어느 나라에서 누구를 만나든 그의 왼쪽에는 왕후닝, 오른쪽에는 리잔수가 앉는다. 때에 따라서는 왼쪽에 리잔수, 오른쪽에 왕후닝이 앉을 때도 있지만 두 사람이 좌우 양편을 차지한다는 사실 자체는 바뀌지 않는다.

둘 다 당 정치국 위원으로 권력 서열 25위 안에 드는 고위층이다. 왕후닝이 주임을 맡고 있는 당 중앙정책연구실은 당의 사상과 정책을 연구하는 곳이다. 왕후닝의 역할은 거기에 그치지 않고 해박한 경험과 지식을 바탕으로 시진핑의 연설문을 도맡아 작성한다. 고사성어를 많이 활용해 자신의 주장을 강하고 명쾌하게 드러내는 시진핑의 연설은 대부분 왕후닝의 머리에서 나온다.

리잔수가 맡고 있는 당 중앙판공청 주임은 우리나라로 치면 대통령 비서실장과 경호실장을 합친 기능을 하는 곳이다. 당 총서기를 비롯한 핵심 지도자들의 보안과 통신, 안전, 의료 등 일상 업무를 관장한다. 정보기관에서 올라오는 수많은 보고서 중에서 당 총서기가 반드시 읽어야 할 것을 선택해 요점을 보고하는 역할도 그의 몫이다.

왕후닝과 리잔수는 시진핑과 가장 많은 시간을 함께 보내는 측근 중의 측근이다. 시진핑은 새로 구성된 양대 권력기구인 전면심화개혁영도소조와 국가안전위원회의 실무 사령탑도 두 사람에게 맡겼다. 왕후닝은 전면심화개혁영도소조 판공실 주임을, 리잔수는 국가안전위원회 판공실 주임을 맡았다. 재미있는 사실은 왕후닝은 국가안전위원회 판공실 부주임도 맡았다는 점이다. 둘은 같은 당 정치국 위원이지만 서열은 왕후닝이 조금 앞서는데도 리잔수 밑에서 부주임을 맡은 것이다.

이례적인 일이지만 국가안전위원회 역할이 그만큼 중요하다는 사실을 방증한다. 업무상 중요성을 감안할 때 두 사람 모두에게 판공청 일을 맡기고 싶은데 왕후닝이 전면심화개혁영도소조 주임을 맡은 만큼 어쩔 수 없이 부주임에 앉혔다는 것이다. 시진핑과 두 남자의 관계가 얼마나 끈끈한지를 그대로 보여주는 대목이다.

시진핑이 두 사람을 중용한 것은 과거에 함께 일했던 경험이 크게 작용한 것으로 보인다. 시진핑은 국가부주석 시절 왕후닝과 함께 당 상무위원회를 관장하는 중앙서기처 서기를 맡았다. 당시 6명의 서기처 서기 중에는 후진타오의 측근인 리위안차오 당 조직부장과 링지화 당 판공청 주임도 있었다. 시진핑은 이때 함께 서기처 일을 하면서 왕후닝을 눈여겨봤다는 후문이다.

문재인 대통령이 2017년 7월 독일에서 개최된 G20 정상회의를 계기로 시진핑 중국 국가 주석과 정상회담을 했을 때도 왕후닝과 리잔수는 언제나처럼 시진핑 곁을 지켰다. 시진핑을 기준으로 오른쪽이 왕후닝, 왼쪽이 리잔수다.

산둥성 출신의 왕후닝은 상하이사범대를 졸업한 뒤 줄곧 대학에 몸담고 있던 학자 출신이다. 푸단대 법학원장을 지냈던 1995년에야 당 중앙정책연구실로 스카우트됐다.

왕후닝은 이후 특유의 능력을 발휘해 장쩌민부터 후진타오, 시진핑에 이르기까지 3대에 걸쳐 책사 역할을 도맡고 있다. 중국공산당 당장에 들어 있는 장쩌민의 '3개 대표론'과 후진타오의 '과학적 발전관' 등 지도이념을 만든 것도 그였다. 시진핑의 '중국의 꿈'이나 '중화민족 부흥', '신형대국관계' 개념을 창안한 것도 왕후닝으로 알려져 있다. 이전 지도자들이 중용했던 인물이라면 거부감을 느낄 만도 하지만 시진핑은 안정적으로 검증된 브레인을 선택했다는 평가다.

그에 비하면 리잔수는 시진핑과 마찬가지로 일찌감치 관료로 잔뼈가 굵었다. 혁명 가족인 것도 공통점이다. 그의 작은 할아버지 리자이원栗再溫은 1927년 혁명에 참가해 산둥성 부성장까지 역임했다. 부친 리정슈栗政修도 당지부 위원으로 활동했다. 숙부 리정퉁栗政通은 항일전쟁에 참여했다가 젊은 나이에 사망했다.

둘은 성장 과정도 비슷하다. 리잔수가 1983년 허베이사범대 야간을 늦깎이로 졸업한 뒤 허베이성 우지현 당서기가 됐을 때 불과 30킬로미터 떨어진 정딩현 당서기가 바로 시진핑이었다. 리잔수가 시진핑의 고향인 산시성에서 정치적 입지를 다진 것도 묘한 인연이다.

중앙으로 발탁되기 직전 구이저우성 당서기를 지냈던 리잔수는 개방적이고 개혁적인 면에서도 시진핑과 잘 통한다. 지난 2010년 구이저우성 당서기에 임명된 직후 지방 정부와 산하 국유기업, 금융 회사 등에 개혁의 칼날을 들이댄 것으로 유명하다. 부정부패 척결 의지도 강하다. 산시성 당서기 시절이던 2003년에는 고가의 요리를 팔던 식당의 고객 명단을 파악하기도 했다. 부패한 관료를 색출하기 위한 전략이었다.

왕후닝이 시진핑의 '머리'라고 한다면 리잔수는 시진핑의 '팔과 다리'라는 평가를 받는다.

시진핑 국정 동반자로
우뚝 선 왕치산

—　　　　제19차 당대회를 앞두고 가장 주목받은 인물은 왕치산 당 중앙기율검사위원회 서기다. 차기 상무위원으로 유력하다는 평가를 받았던 쑨정차이를 축출하는 데 앞장선 인물도 왕치산이라는 평가가 지배적이다. 왕치산은 시진핑이 당 총서기에 오른 직후부터 지금까지 지속하고 있는 부정부패 척결 운동의 최전선에서 활약하고 있는 행동대장이다. 시진핑의 반부패 정책이 성공했다면 그 공은 왕치산에게 돌아가게 돼 있다. 오죽했으면 그가 제19차 당대회에서 상무위원을 연임하는 것은 물론 리커창을 제치고 총리가 될 것이라는 소문까지 돌았을까.

왕치산이 상무위원을 연임한다는 것은 중국공산당의 오랜 관행이 깨지는 것을 의미한다. 이른바 '7상8하七上八下' 원칙이다. 67세는 오르고, 68세는 떨어진다는 뜻이다. 중국공산당은 지금까지 만 나이로 67세까지는 상무위원에 선임될 수 있지만 68세부터는 은퇴한다는 것을 불문율로 지켜왔다.

왕치산은 1948년 7월생으로 19차 당대회가 열리는 2017년 10월에는 만으로 69세가 되기 때문에 7상8하 원칙으로 더 이상 상무위원을 맡을 수 없다. 그럼에도 반부패 정책을 진두지휘해 시진핑의 권력 기반을 공고히 한 공이 워낙 커 그가 상무위원을 다시 맡을 수 있다는 관측이 제기되고 있다. 시진핑 2기 체제에서는 총리에 낙점돼 경제 분야를 총괄

할 것이라는 전망이 일찌감치 나오기도 했다. 쉽지 않은 얘기지만 왕치산과 시진핑의 관계 그리고 그가 걸어온 이력을 감안하면 전혀 불가능한 얘기도 아니다.

시진핑과 왕치산의 인연은 문화대혁명 시절로 거슬러 올라간다. 시진핑은 16세가 되던 1969년 중부 내륙에 위치한 산시성 옌안으로 강제로 쫓겨나 7년간 농촌생산대에서 지식청년 활동을 했다. 공교롭게도 왕치산 역시 같은 해 21세의 나이에 같은 옌안으로 내려가 집단농장 일을 시작했다. 당시 두 사람이 서로를 알았는지는 불확실하지만 뿌리 깊은 동지 의식이 있음은 분명하다.

왕치산은 국무원 상무부총리까지 지낸 야오이린姚依林의 딸 야오밍산姚明珊과 결혼했다. 혁명 원로를 장인으로 둔 왕치산은 자연스레 시진핑을 비롯한 태자당 멤버들과 교류했다.

그의 성공을 논할 때 주룽지朱鎔基 전 총리와의 인연도 빼놓을 수 없다. 왕치산은 대학에서 역사학을 전공한 뒤 사회과학원 연구원을 거쳐 정부 산하 농촌발전연구센터에서 일하다가 1988년 금융 분야로 자리를 옮겼다. 농촌신탁투자공사 대표와 인민건설은행 부행장 등을 거치며 상하이와 선전 증권거래소 설립 작업을 주도했다. 이때 왕치산을 눈여겨본 주룽지가 그를 중국 인민은행 부총재로 발탁했다.

왕치산은 주룽지의 기대에 완벽하게 부응했다. 앞서도 언급했듯이 1997년 아시아 외환위기 때 개혁·개방 1번지 광둥성이 타격을 받아 자칫 중국 금융시스템 전체로 불길이 번질 수 있는 위기가 있었다. 이때 주룽지가 왕치산을 광둥성 상무부성장으로 내려보냈다. 왕치산은 부실기업을 원칙대로 청산하고, 생존 가능 기업은 부실자산을 자산관리 회사로 넘기는 방식으로 위기를 돌파했다. 이때부터 그에게 작은 주룽지, 폭탄제거반, 특급소방수 등 온갖 별칭이 붙게 됐다.

2002년 중국을 극도의 공포로 몰아넣었던 사스 문제를 완벽하게 해결한 것도 그였다. 왕치산이 베이징 시장에 취임한 지 20여 일 만에 거짓말처럼 사스의 불길이 잡히기 시작했고, 한 달 뒤에는 완전히 소멸했다.

컵라면에서 중국 비즈니스의 새로운 미래를 발견하다

중국 인구가 14억 명에 육박할 정도로 많다고 하지만 이들 중에서 이 브랜드의 라면을 못 먹어본 사람을 찾기는 하늘의 별 따기 만큼이나 어렵다. 바로 중국의 대표적인 라면 브랜드 '캉스푸(康師傅)'가 그것이다.

캉스푸 라면은 중국에서 연간 100억 개가량이 팔린다. 중국 라면 시장에서 일반 면의 경우 30%, 고급 면은 50% 이상을 캉스푸가 장악하고 있다. 중국 내 13개 도시에 위치한 공장의 총 114개 생산라인에서 라면이 끊임없이 생산되고 있다. 세계 최대의 라면 회사인 셈이다.

라면으로 시작한 캉스푸는 현재 음료수와 과자류, 체인점, 할인점 등 다양한 분야로 진출해 중국 최대의 식품 회사 중 하나로 발돋움했다. 이런 캉스푸의 최대주주는 대만 딩신(頂新) 국제그룹이다. 딩신국제그룹이 1992년 일본의 산요식품과 합작으로 캉스푸를 설립했다. 그리고 딩신국제그룹의 주인이 바로 웨이잉저우(魏應州) 캉스푸 회장이다.

웨이잉저우는 대만 출신으로서 중국 본토에서 성공한 대표 기업인 중 한 명이다. 그는 1954년 대만의 작은 상인 가정에서 태어났다. 그의 부친은 중국 본토에서 대만으로 건너가 작은 식용유 판매점을 운영했다. 웨이잉저우의 원적지는 푸젠성 룽옌(龍岩) 융딩(永定)현이다. 이른바 커자족(客家族)의 집단 거주지에 속하는 지역이다. 그 역시 커자족이다. 커자족은 예로부터 머리가 좋기로 유명하다. 웨이잉저우 일가 역시 커자족 특유의 머리를 타고났다.

웨이잉저우는 1980년대 초반 부친으로부터 식용유 매장을 물려받아 동생 3명과 함께 열심히 운영했다. 보잘것없는 생산 시설을 갖춘 곳이었다. 그는 매일 낡은 오토바이를 타고 이

곳저곳을 다니면서 제품을 열심히 팔았다. 그럼에도 살림살이가 나아질 기미는 보이지 않았다. 부친이 남겨준 것은 매장만이 아니었기 때문이다. 그가 보유한 자산은 대부분 빚으로 이뤄졌다. 도처에서 빚 독촉에 시달렸다. 구매 대금을 지불하지 못해 법원으로부터 차압을 당한 적도 있었다.

그다지 넉넉하지 않던 삶을 영위하던 그에게 기회가 찾아왔다. 1988년 중국이 대만에 문호를 개방한 것이다. 웨이잉저우는 동생들과 함께 중국 전역을 돌아다니며 시장 분석에 나섰다. 부친의 유지를 이어받아 식용유 판매 사업에 뛰어들었다. 식용유를 가게에서 조금씩 덜어 사는 본토 중국인들을 겨냥해 깔끔한 병 포장 식용유를 시장에 내놨다. 당시로서는 거금을 들여 시작한 사업이었지만 실패였다.

남쪽의 따뜻한 곳에서 사용되던 기계를 베이징으로 들여와 사용하다 보니 겨울에는 얼어붙기 일쑤였다. 또한 식용유 품질은 좋았지만 비싼 값의 병 포장용 식용유는 중국 본토인들에게는 사치품이나 다름없었다.

투자금의 절반 이상을 날린 웨이잉저우는 본토를 떠나기 위해 광둥성 선전행 열차에 몸을 실었다. 그는 기차 안에서 허기를 달래기 위해 가방에서 대만산 컵라면을 꺼내 들었다. 그런데 그가 라면을 먹는 모습을 중국인 승객들이 신기한 눈으로 쳐다보는 것이 아닌가. 당시만 해도 중국인들에게 라면은 생소한 식품이었다. 참견하기 좋아하는 중국인들로부터 "그런 걸 어디 가면 살 수 있느냐"는 질문이 쏟아졌다.

그는 컵라면에서 중국 비즈니스의 새로운 미래를 발견했다. 그는 식용유 판매 실패의 경험을 바탕으로 맛이 좋으면서도 가격이 저렴한 컵라면 생산에 승부를 걸었다. 중국인 입맛에 맞는 라면이 나오기까지 1만 번이 넘는 실험을 되풀이해야 했다.

드디어 1992년 8월 그는 800만 달러(약 90억 원)를 투자해 톈진 탕구(塘沽)경제기술개발구에 딩이국제식품을 설립했다. 현재 캉스푸의 최대주주인 딩신국제그룹의 전신이다. 당시로서는 거액인 3,000만 위안(약 50억 7,000만 원)을 마케팅 비용으로 쏟아부을 정도로 그는 사업에 자신감이 넘쳤다. 그가 내놓은 첫 제품은 '훙사오뉴러우(紅燒牛肉) 사발면'이었다. 이 라면은 출시 초기부터 소비자들의 열광적인 호응을 얻었다. 컵라면 맛을 알기 시작한 중국 본토인들의 구매 열풍이 이어졌다.

대만계 중국인인 웨이잉저우는 1년 365일의 30일가량을 대만에서 생활하고, 30일가량을 해외에서 생활한다. 나머지 300일가량은 캉스푸 본사가 위치한 톈진개발구 내에서 지낸다.

우리가 몰랐던 진짜 중국 이야기

대국의 속살

초판 1쇄   2017년 10월 10일

지은이   정혁훈
펴낸이   전호림
책임편집 고원상
마케팅   황기철 김혜원 정혜윤

펴낸곳 매경출판㈜
등록 2003년 4월 24일(No. 2-3759)
주소 (04557) 서울시 중구 충무로 2(필동1가) 매일경제 별관 2층 매경출판㈜
홈페이지 www.mkbook.co.kr   **페이스북** facebook.com/maekyung1
전화 02)2000-2610(기획편집) 02)2000-2645(마케팅) 02)2000-2606(구입 문의)
팩스 02)2000-2609   **이메일** publish@mk.co.kr
인쇄·제본 ㈜M-print 031)8071-0961
ISBN 979-11-5542-742-2(03300)

이 도서의 국립중앙도서관 출판예정도서목록(CIP)은 서지정보유통지원시스템 홈페이지(http://seoji.nl.go.kr)와
국가자료공동목록시스템(http://www.nl.go.kr/kolisnet)에서 이용하실 수 있습니다.
(CIP제어번호 : CIP2017023802)

이 책은 관훈클럽신영연구기금의 도움을 받아 저술 출판되었습니다.